마법천자문

과학 퀴즈북

아울북 초등교육연구소 지음

4

우리 몸

이 책의 구성

우리 몸에 관련된 〈우리 몸 1〉, 〈우리 몸 2〉, 〈건강과 질병〉, 〈똥〉의
4개 라운드로 구성되어 있습니다.

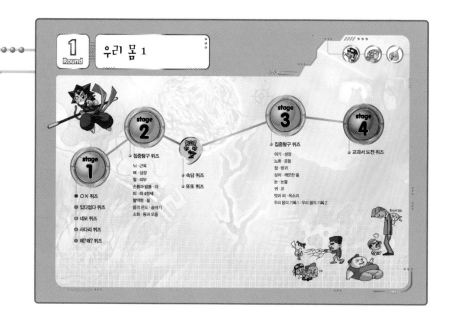

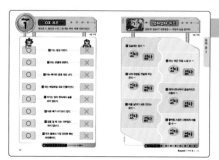

Stage 1

O×퀴즈, 있다없다 퀴즈, 네모 퀴즈,
사다리 퀴즈, 왜?왜? 퀴즈 등 다양한
퀴즈로 주제에 대한 흥미를 유발하는
단계입니다.

각 주제에서 꼭 알아야 내용 48가지를
퀴즈를 통해 재미있게 알아가는 단계입
니다.

각 주제에서 꼭 알아야 내용 48가지를
퀴즈를 통해 재미있게 알아가는 단계입
니다.

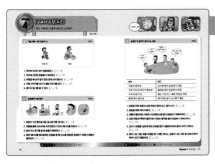

각 주제에 대한 교과서 내용을 간단한
○× 퀴즈, 네모 퀴즈 등으로 풀어보는
단계입니다.

차례

◉ Round 1 – 우리 몸 1

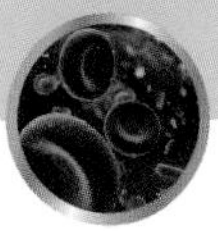
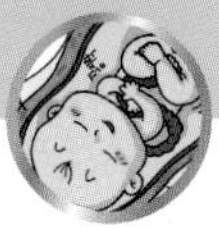
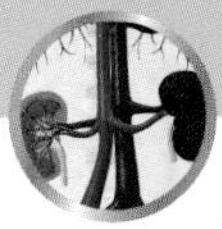
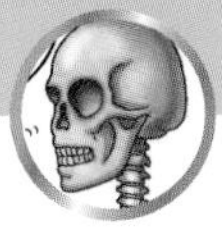

Round 2- 우리 몸 2

stage 1

stage 2

stage 3

stage 4

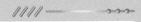

차례

Round 3 - 건강과 질병

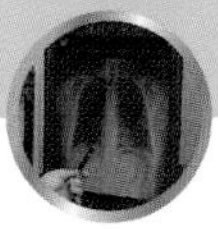
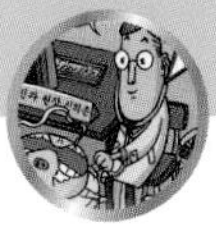
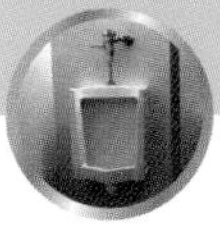
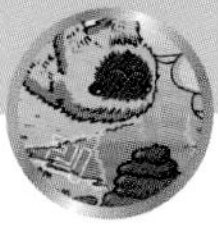

Round 4- 똥

stage 1

stage 2

집중탐구 퀴즈

쉬어가기

stage 3

집중탐구 퀴즈

stage 4

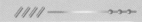

1
Round

우리 몸 1

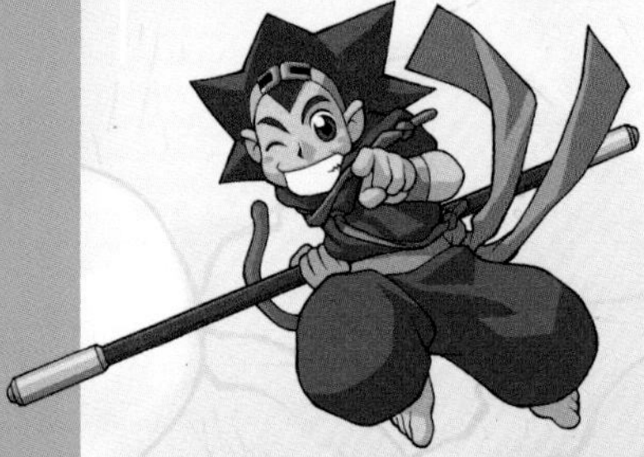

stage 1

- O× 퀴즈
- 있다없다 퀴즈
- 네모 퀴즈
- 사다리 퀴즈
- 왜?왜? 퀴즈

stage 2

- 집중탐구 퀴즈

뇌 · 근육
뼈 · 심장
털 · 피부
손톱과 발톱 · 이
피 · 피 4형제
혈액형 · 물
몸의 온도 · 숨쉬기
소화 · 똥과 오줌

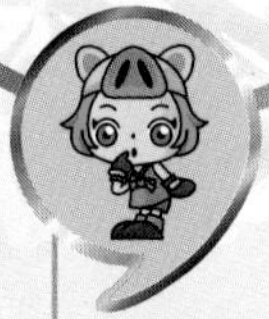

- 속담 퀴즈
- 또또 퀴즈

stage 3

집중탐구 퀴즈

stage 4

교과서 도전 퀴즈

올라가기도 힘들어
끄응

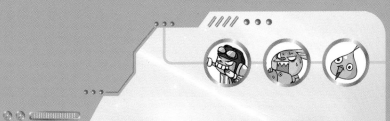

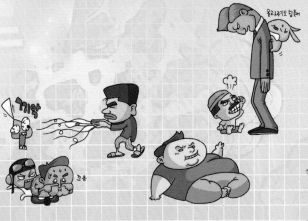

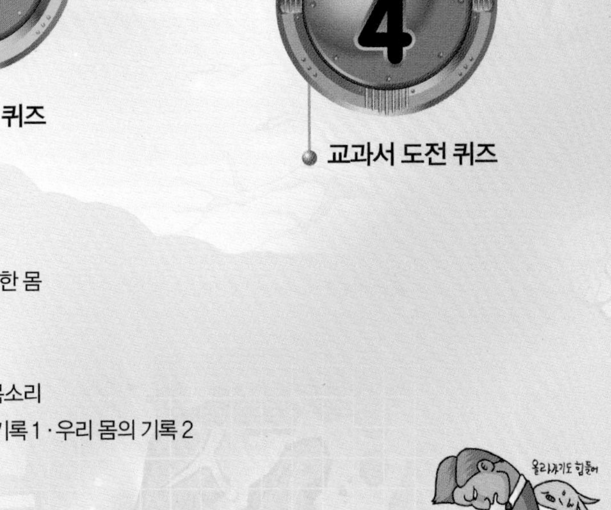

stage 1

OX 퀴즈

맞으면 ○, 틀리면 ×에 ◯표 하는 거야. 이제 시작이라구!

정답 12쪽

1 키는 평생 자란다.

2 피는 온몸에 흐른다.

3 이는 빠지면 평생 새로 난다.

4 피는 매일매일 새로 만들어진다.

5 아기는 엄마 뱃속에서 숨을 쉬지 않는다.

6 어른 뼈가 아기보다 많다.

7 잠을 잘 때 뇌는 아무일도 하지 않는다.

8 우리 몸에서 가장 단단한 뼈는 머리뼈이다.

각 쪽을 잘 보고, 답을 맞춰봐. 누가 더 많이 맞췄을까……

10

있다없다 퀴즈

있을까? 없을까? 알쏭달쏭~~ 비밀의 문을 열어봐!

정답 13쪽

우리
몸
1

1 입술에는 털이 ~

있다　없다

2 혀는 매운 맛을 느낄 수 ~

있다　없다

3 뇌의 명령을 전달해 주는 곳이 ~

있다　없다

4 태어나면서부터 곱슬머리인 사람이 ~

있다　없다

5 피를 날마다 새로 만드는 곳이 ~

있다　없다

6 혈액형 A형은 O형에게 피를 줄 수 ~

있다　없다

14-15쪽 정답 　1① 2② 3① 4② 5② 6② 7② 8①

Round 1 우리 몸 1 · 11

네모 퀴즈

네모 안에 들어갈 말은 뭘까? 답은 둘중 하나!

1 팔에 힘을 주면 나오는 것은 ▢ 이다. ········ 뼈 〉 근육

2 손톱은 ▢ 이 변한 것이다. ················ 피부 〉 뼈

3 어두운 곳에 가면 눈동자는 ▢ . ········ 커진다 〉 작아진다

4 똥을 오래 참으면 ▢ 에 걸린다. ·········· 변비 〉 설사

5 해골의 얼굴에 없는 뼈는 ▢ 이다. ······· 코뼈 〉 광대뼈

6 뱃 속에 있는 아기 탯줄은 ▢ 와 연결되어있다. ··········· 입 〉 배꼽

7 손톱과 발톱은 하루에 ▢ 정도 자란다. ······· 0.1 밀리미터 〉 1 센티미터

8 멍은 ▢ 이다. ··············· 찢어진 핏줄 〉 고인 피

10쪽 정답 **1** ✕ **2** ○ **3** ✕ **4** ○ **5** ○ **6** ✕ **7** ✕ **8** ✕

12

사다리 퀴즈

알쏭달쏭 수수께끼! 사다리를 타면 답이 나와.

우리 몸 1

1 기둥 하나에 방이 2개인 것은? ●━━ 주름살

2 많이 있는데도 둘이라고 하는 것은? ●━━ 손톱

3 나무를 자르지 못하는 톱은? ●━━ 눈꺼풀

4 눈으로 보지 않고 혀로 보는 것은? ●━━ 머리칼

5 칼은 칼인데 벨 수 없는 것은? ●━━ 이

6 늙으면서 점점 많이 생기는 것은? ●━━ 맛

7 온 세상을 덮어 버리는 것은? ●━━ 방귀

8 자꾸 방을 나가는 귀는? ●━━ 코

왜 운동을 하면 숨이 찰까?

① 산소가 부족해서
② 수분이 부족해서

왜 배가 고프면 꼬르륵 소리가 날까?

① 심장이 움직여서
② 위가 움직여서

왜 아프지도 않는 데 예방주사를 맞아야할까?

① 병에 걸리지 않으려고
② 영양분을 공급하려고

왜 딸꾹질을 하는 걸까?

① 목구멍에 음식이 걸려서
② 횡경막이 놀라서

12쪽 정답 1 근육 2 피부 3 커진다 4 변비 5 코뼈 6 배꼽 7 0.1 밀리미터 8 고인 피

14

🔵 왜 이가 썩으면 아플까?

① 세균이 이를 깍아서

② 세균이 이 뿌리를 건드려서

🔵 왜 코가 막히면 음식 맛도 잘 모를까?

① 콧물이 입안으로 넘어와서

② 냄새를 못 맡아서

🔵 왜 아프면 열이 날까?

① 피가 너무 빨리 흘러서

② 피가 병균과 싸우고 있어서

🔵 왜 좋아하는 음식만 먹으면 안 될까?

① 필요한 영양소를 모두 못 얻어서

② 맛을 잊어버릴 수 있어서

🎯 **13쪽 정답** ❶ 코 ❷ 이 ❸ 손톱 ❹ 맛 ❺ 머리칼 ❻ 주름살 ❼ 눈꺼풀 ❽ 방귀

우리 몸 1

뇌

근육

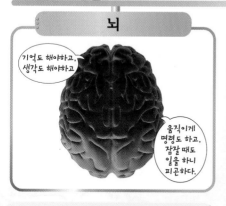

기억도 해야하고,
생각도 해야하고

움직이게
명령도 하고,
잠잘 때도
일을 하니
피곤하다.

와 울퉁불퉁
근육 정말 멋있다.

1 다음 중 뇌가 하는 일은 어느 것일까?
(답은 2개)

① 생각하고 기억하기
② 병균하고 싸우기
③ 꿈 꾸기

2 뇌가 내린 명령을 우리 몸 구석구석으
로 전해 주는 건 뭘까?

① 핏줄
② 피부
③ 신경

3 뇌세포는 나이가 들수록 늘어날까, 줄
어들까?

① 늘어난다.
② 줄어든다.
③ 나이에 상관 없이 똑같아.

4 팔에 힘을 준 채 굽히면 생기는 알통
은 뭘까?

① 뼈
② 핏줄
③ 근육

5 팔 근육은 마음대로 움직일 수 있어.
그럼 심장 근육도 그럴까?

① 그럼, 어렵지만 할 수 있어.
② 아니, 심장 근육이 멈추면
생명이 위험해.

6 운동 선수들처럼 튼튼한 근육을 가지
려면 어떻게 해야 할까?

① 밥을 많이 먹어.
② 머리를 많이 써.
③ 운동을 열심히 해.

뼈

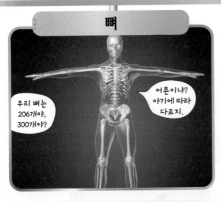

우리 뼈는 206개야, 300개야?

어른이냐? 아기에 따라 다르지.

심장

헉헉, 심장이 터질 것 같아.

그렇게 평소에 운동 좀 하지.

7 뼈는 우리 몸을 떠받쳐 줘. 뼈는 모두 몇 개일까?

① 117개
② 206개
③ 421개

8 어른 뼈가 아기보다 94개나 적어. 이 뼈들은 어떻게 된 걸까?

① 작은 뼈들끼리 붙었어.
② 필요없어서 사라졌어.
③ 피부로 변했어.

9 우리 몸에는 뼈가 아닌데 뼈라고 불리는 게 있어. 다음 중 어느 것일까?

① 어깨뼈
② 갈비뼈
③ 코뼈

10 우리 가슴이 두근두근 움직여. 왜 움직이는 걸까?

① 피가 핏줄과 부딪쳐서
② 공기가 드나들어서
③ 심장이 힘을 주었다 말았다 해서

11 심장이 뛰는 것을 맥박이라고 해. 맥박은 보통 1분에 몇 번이나 뛸까?

① 70번
② 100번
③ 130번

12 달리기를 하면 심장은 빠르게 뛸까, 느리게 뛸까?

① 빠르게
② 느리게
③ 변함없어.

정답과 해설은 뒤쪽에 있어.

뇌

근육

정답 1. ①, ③ 2. ③ 3. ②

뇌는 참 많은 일을 해요. 우리가 생각하고 기억하는 것을 비롯해 잠잘 때 꿈을 꾸는 것도 뇌가 하는 일이에요. 또 우리가 생각하는 대로 몸을 움직이게 명령을 내리는 것도 뇌가 하는 일이에요. 뇌가 내린 명령은 몸 속 구석구석에 퍼져 있는 신경을 통해서 전해져요.

뇌 안에서는 많은 뇌세포가 일을 해요. 하지만 슬프게도 뇌세포는 나이를 먹을수록 줄어들어요.

정답 4. ③ 5. ② 6. ③

근육은 피부 아래 600개 정도가 있어요. 팔을 굽힐 때 알통이 생기는 것도, 혀로 말을 할 수 있는 것도, 털이 쭈뼛 곤두서는 것도 모두 근육 때문이에요. 그런데 심장이나 위 같은 몸 속 기관에 붙은 근육들은 우리 마음대로 움직일 수 없어요. 심장이나 위는 쉬지않고 계속 움직여 우리가 살 수 있으니까요.

근육은 꾸준히 운동을 하는 것처럼 자주 쓰면 쓸수록 힘이 세져요.

뼈

심장

뼈는 우리 몸의 기둥 역할을 하고 몸 속의 기관들을 보호해 줘요. 뼈는 206개가 있는데, 아기 때는 94개가 더 많았어요. 자라면서 작은 뼈들이 서로 붙어서 개수가 줄어들었어요.

뼈에는 머리뼈, 팔뼈, 갈비뼈처럼 각각 이름이 있어요. 하지만 코뼈는 이름만 뼈고 사실은 뼈에 붙은 연골이에요. 연골은 죽으면 썩어 버려서, 해골 얼굴에는 코뼈가 없어요.

심장은 주먹만 한 크기로, 피가 나가는 동맥과 피가 들어오는 정맥이 연결되어 있어요. 보통 1분에 70번 정도 움직이면서 온몸에 피를 흐르게 해요.

심장은 더 많은 에너지를 만들 때 빠르게 뛰어요. 그래서 달리기같이 힘든 운동을 하면 빠르게 뛰어요. 또 자라는 데 에너지가 많이 필요한 아기들의 심장이 어른의 심장보다 더 빠르게 뛰어요.

16-17쪽 정답이야.

집중탐구 퀴즈

문제를 잘 읽고 맞는 것을 골라봐. 쉽지 않을걸!

털

> 난 반듯한 직모! 너처럼 파마 해볼까?

> 나 꼬불꼬불 곱슬머리! 너처럼 쫘~악 펴볼까?

피부

> 피부 색소는 내가 딱 적당하군.

> 피부 색소가 적어서 하얘.

> 난 색소가 많아서 까매.

13 우리 몸에서 털이 없는 곳을 모두 골라 봐. (답은 2개)

① 입술
② 엉덩이
③ 손바닥과 발바닥

14 우리 머리엔 머리카락이 덮여 있어. 머리카락은 무슨 일을 할까?

① 머리를 보호해 줘.
② 먼지를 털어내 줘.
③ 우리 기분을 나타내 줘.

15 왜 어떤 사람들은 머리카락이 곧고, 어떤 사람은 곱슬거릴까?

① 머리카락 뿌리 모양이 달라서
② 머리통 모양이 달라서
③ 먹는 음식이 달라서

16 미국 사람 우리보다 하얗고 아프리카 사람은 까매. 왜 피부색이 다를까?

① 피부의 색소 양이 달라서
② 피 색깔이 달라서
③ 먹는 음식이 달라서

17 우리는 피부로 무얼 느낄 수 있을까?
(답은 2개)

① 더위와 추위
② 아픔과 간지러움
③ 슬픔과 기쁨

18 갑자기 무서운 이야기를 들으면 이게 피부에 돋아. 무엇일까?

① 멀미
② 얼룩
③ 소름

손톱과 발톱

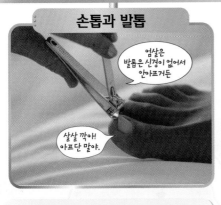

엄살은 발톱은 신경이 없어서 안아프거든

살살 깎아! 아프단 말야.

이

이가 벌써 빠졌네?

괜찮아요. 곧 영구치가 나올꺼에요.

19 손톱은 길면 깎아야 해. 이렇게 깎아 내는 손톱은 왜 있을까?

① 손을 예쁘게 보이려고
② 위험할 때 무기로 쓰라고
③ 손끝을 보호하려고

20 손가락을 칼에 베이면 무척 아파. 그런데 왜 손톱과 발톱은 깎아도 아프지 않을까?

① 신경이 없어서 ② 딱딱해서
③ 조금만 깎아 내서

21 손톱과 발톱은 조금씩 자라. 안쪽이 자랄까, 바깥쪽이 자랄까?

① 안쪽
② 바깥쪽

22 이는 아주 단단해. 얼마나 단단할까?

① 사기그릇만큼
② 시멘트만큼
③ 다이아몬드만큼

23 음식물을 끊고 자르는 칼 역할을 하는 이는 어느 것일까?

① 앞니
② 송곳니
③ 어금니

24 5세 꼬마는 이가 빠지면 다시 나. 30세 어른도 이가 빠지면 다시 날까?

① 그럼, 나지.
② 아니, 다시는 안 나.

정답과 해설은 뒤쪽에 있어.

집중탐구 퀴즈 정답 & 해설

털

피부

정답 **13.** ①, ③ **14.** ① **15.** ①

우리 몸에는 온통 털이 나 있어요. 털이 없는 곳이라고는 손바닥, 발바닥, 눈 그리고 입술뿐이에요.

털은 우리 몸을 보호해 주는 역할을 해요. 예를 들어 머리카락은 햇빛과 추위로부터 머리를 보호해 줘요.

머리카락 색깔이 빨간색, 갈색, 노란색처럼 조금씩 다른 건 머리카락 속에 있는 색소가 다르기 때문이에요. 곱슬머리와 곧은 머리와 같은 머리카락 모양은 뿌리 모양 때문에 다르고요.

정답 **16.** ① **17.** ①, ② **18.** ③

아프리카에 사는 친구들은 까맣고, 우리들은 누렇고, 유럽에 사는 친구들은 하얘요. 이렇게 피부색이 다른 건 피부의 색소 양이 다르기 때문이에요.

피부는 우리가 태어날 때부터 입고 있는 옷과 같아서 더위와 추위로부터 몸을 보호해요. 또 아픔을 느껴서 뜨거운 물건에 손이 닿으면 얼른 떼게 해 줘요.

갑자기 무서운 이야기를 듣거나 추워지면 피부에 소름이 돋기도 해요.

손톱과 발톱

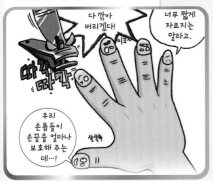

이

손톱과 발톱은 손끝과 발끝을 보호해 주고, 물건을 잘 잡을 수 있게 해 줘요. 하지만 너무 길면 때가 끼기도 하고 움직이는 데 불편하니까 적당한 길이로 잘라야 해요. 손톱과 발톱은 피부가 변한 것이지만 신경이 없어요. 그래서 자를 때 아프지는 않아요.

손톱과 발톱은 안쪽의 하얀 초승달 모양 부분이 한 달에 3밀리미터 정도 조금씩 자라요.

이는 세상에서 두 번째로 단단한 사기질로 되어 있어 음식을 잘 자를 수 있어요.

이는 각각 하는 일에 따라 조금씩 모양이 달라요. 앞니는 음식물을 자르고 끊고, 송곳니는 고기 같은 것을 찢어서 소화가 잘 되게 해요. 어금니는 음식물을 잘게 부숴요.

아기 때 처음 나는 이를 젖니라고 하는데, 젖니가 6~12세에 빠지면 영구치가 나요. 영구치는 빠지면 다시 자라지 않아요.

20-21쪽 정답이야.

집중탐구 퀴즈

문제를 잘 읽고 맞는 것을 골라봐. 쉽지 않을걸!

피

니가 화나게 해놓구 무슨 소리야.

화내니깐 얼굴이 빨개졌잖아.

피 4형제

피가 빨간 건 모두 우리 적혈구님 때문이지.

25 피는 우리 몸 구석구석 안 가는 곳이 없어. 피는 무슨 일을 하는 걸까?

① 몸을 따뜻하게 해.
② 영양분과 산소를 날라 줘.
③ 뇌의 명령을 전달해.

26 화가 나면 얼굴이 빨개져. 무슨 일이 일어난 걸까?

① 핏줄이 터져 버렸어.
② 핏줄에 피가 많이 흘렀어.
③ 핏줄이 꼬였어.

27 피는 날마다 새로 만들어져. 어디서 만들어질까?

① 심장에서
② 머리에서
③ 뼈에서

28 피는 빨갛게 보여. 무엇 때문일까?

① 백혈구
② 적혈구
③ 혈소판

29 몸에 병균이 들어오면 싸우는 건 무엇일까?

① 백혈구
② 적혈구
③ 혈소판

30 상처가 나면 딱지를 만들어 피를 멎게 하는 건 무엇일까?

① 적혈구
② 혈소판
③ 혈장

혈액형

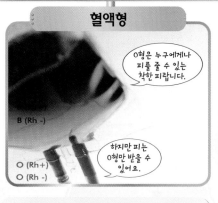

O형은 누구에게나 피를 줄 수 있는 착한 피랍니다.

B (Rh -)

O (Rh+)
O (Rh -)

하지만 피는 O형만 받을 수 있어요.

물

하루 10잔씩은 마셔야 하는데.. 이게 몇 잔째더라?

31 사람마다 자기 혈액형이 있어. 혈액형은 몇 가지나 될까?

① A형, B형의 2가지
② A형, B형, C형의 3가지
③ A형, B형, AB형, O형의 4가지

32 혈액형이 같거나 다른 건 언제 중요할까?

① 음식을 나눠 먹을 때
② 피를 주고받을 때

33 피는 자기랑 혈액형이 맞는 사람에게만 줄 수 있어. 그런데 누구에게나 피를 줄 수 있는 혈액형은 뭘까?

① A형   ② AB형
③ O형

34 물은 우리 몸의 많은 부분을 차지해. 물을 먹지 않으면 어떻게 될까?

① 키가 작아져.
② 뼈가 약해져.
③ 생명이 위험해져.

35 밥을 먹지 않고는 40일 정도 살 수 있대. 물을 마시지 않고는 얼마나 살 수 있을까?

① 하루   ② 6일
③ 한 달

36 물은 하루에 어느 정도 마셔야 건강에 좋을까?

① 1리터짜리 우유 1개 정도
② 1리터짜리 우유 2개 정도
③ 1리터짜리 우유 3개 정도

정답과 해설은 뒤쪽에 있어.

피

피 4형제

정답 **25.** ② **26.** ② **27.** ③

피는 심장의 힘을 빌려 우리 몸 속을 구석구석 다니면서 영양분과 산소를 날라요. 피는 동맥과 정맥, 그리고 가느다란 모세혈관을 통해 흘러요.

가끔 추울 때나 창피할 때 얼굴이나 손발이 빨개져요. 이는 그 부분에 피가 많이 몰려서 빨갛게 보이는 거예요.

피는 날마다 뼈 사이의 공간을 채우고 있는 부드러운 조직인 골수에서 새로 만들어져요.

정답 **28.** ② **29.** ① **30.** ②

피 속에는 네 명의 친구가 살고 있어요. 몸이 빨간 적혈구는 피를 빨갛게 하고, 산소를 날라요.

혈장은 우리가 먹은 음식물에서 나온 영양분, 호르몬, 항체 등을 날라요. 이 둘은 평소에 열심히 일을 해요.

나머지 둘은 우리 몸이 위험할 때 일을 해요. 백혈구는 몸 속에 들어온 세균들과 싸우고, 혈소판은 몸에 상처가 나서 피가 흐를 때 피를 멎게 해 줘요.

혈액형

물

정답 31.③ 32.② 33.③

혈액형은 음식을 나눠 먹는 것과는 상관이 없어요. 크게 다쳐서 피를 주거나 받아야 할 때 필요해요.

혈액형에는 A형, B형, O형, AB형, 이렇게 네 가지가 있는데, 각각 피를 줄 수 있는 사람과 받을 수 있는 사람이 정해져 있어요. 같은 혈액형끼리는 서로 피를 주고받을 수 있어요. 그리고 O형은 모두에게 피를 줄 수 있어요. 하지만 O형은 오직 O형한테만 피를 받을 수 있어요. 또 AB형은 A형, B형, AB형 , O형 모두의 피를 받을 수 있어요.

정답 34.③ 35.② 36.②

물은 우리 몸의 70% 정도의 많은 부분을 차지하면서 여러 가지 중요한 생명 활동이 일어나게 해 줘요. 그래서 물을 먹지 않고는 고작 6일 정도밖에 살 수가 없어요.

우리 몸 속의 물은 몸에서 생기는 해로운 물질 때문에 계속해서 더러워져요. 그래서 더러운 물은 내보내고 깨끗한 물을 먹어야해요. 물을 하루에 2리터 정도를 먹어야 건강에 좋아요.

24-25쪽 정답이야.

집중탐구 퀴즈

문제를 잘 읽고 맞는 것을 골라봐. 쉽지 않을걸!

몸의 온도

추우니깐 몸의 온도가 내려간거 같아.

무슨 소리야! 우리 몸의 온도는 항상 똑같아.

숨쉬기

힐떡힐떡! 달리기를 했더니 숨이차네.

37 우리 몸의 온도는 늘 일정해. 몇 도로 일정할까?

① 36.5도
② 37.5도
③ 38.5도

38 따뜻한 방에 있다 추운 바깥으로 나갔어. 우리 몸은 어떻게 될까?

① 몸이 떨려.
② 땀을 흘려.
③ 약간 작아져.

39 여름엔 날씨가 더워 땀이 많이 나. 왜 그럴까?

① 몸을 시원하게 하려고
② 몸 속의 찌꺼기를 버리려고
③ 몸을 가볍게 하려고

40 우리는 계속해서 숨을 들이쉬고 내쉬어. 들숨과 날숨은 같을까, 다를까?

① 같아.
② 달라.

41 힐떡힐떡! 운동을 할 땐 왜 숨이 찰까?

① 힘을 쓰려면 산소가 필요해서
② 운동하느라 피곤해서
③ 운동하느라 숨을 잘 못 쉬어서

42 공기는 폐 속으로 들어가. 폐 속으로 공기를 잡아 당기는 것은 무엇일까?

① 혀
② 입
③ 횡격막(가로막)

28

소화	똥과 오줌

와! 내가 제일 좋아하는 케익이다. 정말 군침 도네.

으윽! 냄새 급하니깐 들어가긴 해야하는 데

43 맛있는 것은 먹지 않고 보기만 해도 군침이 돌아. 왜 그럴까?

① 먹을 준비를 하느라고
② 전에 먹었던 게 생각이 나서
③ 소화시킬 준비를 하느라고

44 배가 고프면 배 속에서 꼬르륵 소리가 나. 꼬르륵은 무슨 소리일까?

① 심장이 움직이는 소리
② 위가 움직이는 소리
③ 침이 넘어가는 소리

45 밥을 먹고 나면 졸려. 왜 그럴까?

① 위가 밥을 소화시키느라 피곤해서
② 잘 때 소화를 더 잘 시키려고
③ 밥에 있는 졸리는 성분 때문에

46 뿌지직! 똥은 왜 눌까?

① 몸 속의 썩은 음식을 버리려고
② 소화되고 남은 음식 찌꺼기를 버리려고
③ 방귀가 많이 모여서 버리려고

47 보통 밥을 먹고 나서 얼마쯤 지나면 똥이 될까?

① 하루
② 일 주일
③ 한 달

48 오줌이 마려운 걸 자꾸 참으면 안 돼. 왜 그럴까?

① 오줌 대신 똥을 더 많이 누게 되서
② 방귀 냄새가 지독해져서
③ 방광에 병이 날 수도 있어서

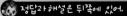

정답과 해설은 뒤쪽에 있어.

집중탐구 퀴즈 정답 & 해설

몸의 온도

숨쉬기

정답 **37.① 38.① 39.①**

우리 몸은 항상 36.5를 유지하려고 해요. 몸 밖의 온도가 몸 속의 온도보다 높거나 낮아서 몸의 온도가 변하려고 하면 우리 몸은 여러 가지 행동을 해요.

더운 곳에서 땀을 흘리는 것이나, 추운 곳에서 몸을 덜덜 떠는 것은 모두 몸의 온도를 일정하게 유지하려는 현상이에요. 몸의 온도가 너무 낮아지거나 높아지면 생명이 위험할 수도 있어요.

정답 **40.② 41.① 42.③**

우리는 태어나서 죽을 때까지 계속 숨을 쉬어요. 우리 몸을 움직일 에너지를 만들기 위해 공기 속의 산소가 필요하기 때문이에요.

횡격막(가로막)이라는 배 속의 근육이 줄어들고 늘어나면서 폐 속으로 공기가 들어오고 나가요. 폐는 공기에서 산소를 가려내는 일을 해요.

운동을 할 때는 에너지가 많이 필요해요. 그래서 숨을 빨리 쉬어 산소를 많이 얻어요.

소화

꼬르륵! 밥 먹을 때가 지났다는 소리!

꼬꼬르륵! 텅 빈 위가 소화하겠다고 움직이는 소리!

꼬르륵! 제때 밥 먹으라는 소리!

똥과 오줌

인간들은 자기 똥을 다시 안 먹고 그냥 버린대.

어머, 어머! 어떻게 똥을 낭비할 수가 있지?

너희들 똥에는 아직 영양분이 있잖아!

맛있을까?

나불 나불

뜨아

맛있는 음식을 보기만 해도 침이 나는 건 예전에 그 음식을 맛있게 먹었던 기억 때문이에요.

밥을 제때 먹지 않으면 배에서 꼬르륵 소리가 나요. 속이 빈 위가 밥을 먹지 않은 걸 모르고 소화를 시키느라 움직이기 때문에 나는 소리예요.

밥을 먹고 나서 졸린 건 소화를 하느라 피곤하기 때문이에요. 다른 일들처럼 소화를 하는 데도 에너지가 필요하답니다.

우리가 먹은 음식에서 필요한 영양분을 뺀 나머지들은 다시 몸 밖으로 나와요. 바로 이것이 똥이랑 오줌이에요. 똥이 만들어지는 데는 보통 음식을 먹은 후 하루 정도가 걸려요.

몸 속에 필요 없는 것들이 쌓이면 뇌가 알아채고 똥이나 오줌이 마렵다고 느끼게 해요. 똥이나 오줌을 참는 건 건강에 좋지 않아요. 변비에 걸리거나, 방광염이라는 병에 걸릴 수 있거 든요.

28-29쪽 정답이야.

속담 퀴즈 ▶ 열쇠를 찾아봐. 속담이 보일 거야.

내 ▢가 석자

➡ 내 사정이 급해서 남을 돌 볼 여유가 없다.

▢에 넣어도 안 아프다.

➡ 눈에 넣어도 아프지 않을 만큼 사랑스럽다.

▢에 기별도 안 간다.

➡ 음식의 양이 적어서 배불리 먹은 것 같지 않다.

배보다 ▢▢이 더 크다.

➡ 작아야 할 것이 크고, 커야할 것이 작을 때 쓰는 말

이가 없으면 ▢▢으로 산다.

➡ 있던 것이 없어져서 불편해도 참고 견딜 수 있다.

배꼽　　잇몸　　눈

코　　간

또또 퀴즈

정답 79쪽

다음 중 모습이 다른 토라를 찾아봐.

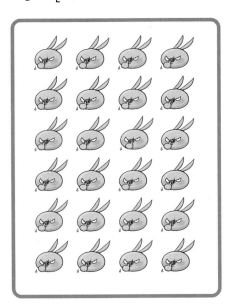

과연~
만만치 않을걸?

1기쪽 정답 ❷

또또퀴즈~ 정말 재미있다. 어디 어디 숨었을까?

아기	성장

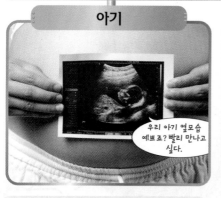

우리 아기 옆모습 예쁘죠? 빨리 만나고 싶다.

넌 왜 그렇게 머리가 크냐?

내가 보기엔 너가 더 큰 거 같거든?

49 아기는 엄마 배 속에서 무엇을 먹고 자랄까?

① 엄마가 먹은 음식을 그대로 먹어.
② 엄마가 먹은 음식의 영양분만 먹어.

50 아기는 엄마 배 속의 물속에서 살아. 물속에서 어떻게 숨을 쉴까?

① 물고기처럼 아가미로
② 물이 없는 조그만 공간에서
③ 숨을 쉬지 않아.

51 아기는 엄마 배 속에서 주로 뭘 할까?

① 엄마를 똑같이 따라 해.
② 잠을 많이 자.
③ 수영을 해.

52 아기 때는 머리가 다른 몸 부분보다 커. 왜 그럴까?

① 몸의 중심을 잡으려고
② 뇌가 빨리 발달해서
③ 키가 안 자라서

53 키는 평생 크는 게 아니야. 언제까지 자랄까?

① 성장판이 모두 클 때까지
② 성장판이 모두 생길 때까지
③ 성장판이 모두 사라질 때까지

54 여자는 가슴이 나오고, 남자는 목소리가 굵어져. 이때는 언제일까?

① 아동기
② 사춘기
③ 장년기

노화	운동

좋네요. 그런데 내가 가스불을 껐나?

같이 운동 나오니깐 참 좋구려~

잠깐만 다리에 쥐가 나는 것 같아.

그러게 준비 운동을 하고 했어야지.

55 할아버지, 할머니들은 등이 굽은 분이 많아. 왜 그럴까?

① 뼈가 약해져서
② 몸의 힘이 약해져서
③ 뼈의 개수가 줄어서

56 나이가 들면 흰 머리카락이 나. 젊은 사람은 흰 머리카락이 나지 않을까?

① 그럼, 당연하지.
② 아니, 젊은 사람도 나기도 해.

57 할아버지, 할머니들은 깜빡 깜빡 잊으시는 일이 많아. 왜 그럴까?

① 머리가 단단해져서
② 머리를 너무 많이 써서
③ 뇌세포가 많이 줄어들어서

58 운동을 하기 전에 준비 운동을 하면 다음 중 어떤 점이 좋을까?

① 운동할 때 잘 안 다쳐.
② 땀이 덜 나.
③ 살이 빠져.

59 운동을 하고 나면 몸이 더워져. 왜 그럴까?

① 피의 양이 많아져서
② 몸에 병이 나서
③ 열이 나서

60 운동을 심하게 하면 몸 여기저기가 쑤셔. 왜 그럴까?

① 근육을 다쳐서
② 쓸데없는 물질이 만들어져서
③ 뼈가 조금 닳아서

정답과 해설은 뒤쪽에 있어.

아기

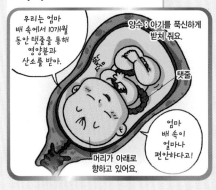

우리는 엄마 배 속에서 10개월 동안 탯줄을 통해 영양분과 산소를 받아.

양수 : 아기를 푹신하게 받쳐 줘요.

탯줄

엄마 배 속이 얼마나 편안하다고!

머리가 아래로 향하고 있어요.

성장

나 요즘 이상해. 다리에 털이 나고 목소리도 변하고.

어린애 같은 소리! 우린 진짜 남자가 되고 있는 거라고!

정답 49. ② 50. ③ 51. ②

아기들은 엄마 배 속에서 10개월을 지내고 태어나요. 아기는 엄마 배 속에 있을 때 양수라는 물속에서 살아요. 아기는 스스로 먹을 수 없어서, 엄마가 소화한 영양분을 배꼽으로 연결된 탯줄을 통해 받아요. 또 탯줄로 산소를 받아서 따로 숨을 쉬지 않아요.

엄마 배 속의 아기는 하루에 16~20시간을 자면서 보내요. 그러다 가끔 깨어나서 엄마 배를 발로 톡톡 차기도 한답니다.

정답 52. ② 53. ③ 54. ②

사람은 엄마 배 속에 있을 때부터 보통 20세까지 계속 자라요. 아기 때는 뇌세포가 매일 수십 억 개씩 새로 연결되어 머리가 다른 부분보다 빨리 자라요. 키는 뼈의 양끝에 있는 성장판이 자라면서 커요. 이 성장판이 단단한 뼈가 되면 더 이상 크지 않아요.

사춘기는 아이에서 어른으로 변해가는 시기예요. 남자는 남자답게, 여자는 여자답게 변해요.

노화

할아버지, 할머니들은 얼굴에 주름이 많고, 모습이 우리랑 달라요. 그건 사람은 누구나 나이를 먹으면서 조금씩 약해지기 때문이에요.

뼈가 약해지면 등이 굽게 되고, 뇌세포들이 죽어서 기억도 잘 못하게 돼요. 이도 약해져서 질긴 음식도 잘 못 먹고요.

그런데 흰 머리카락은 꼭 나이든 사람만 나는 게 아니라 젊은 사람에게도 날 수 있어요.

운동

신나게 뛰어놀기 전에는 꼭 준비운동을 해야 해요. 그래야 우리 몸이 운동을 한다는 걸 알고 미리 준비를 해서 잘 다치지 않아요.

운동을 하면 몸이 따뜻해져요. 운동에 필요한 에너지를 만들고 사용하면서 열이 생기기 때문이에요. 그런데 너무 심하게 운동을 하면 젖산이라는 노폐물이 쌓여 몸이 아프기도 해요. 하지만 조금 쉬면 괜찮아지니 걱정 마세요.

34-35쪽 정답이야.

집중탐구 퀴즈

문제를 잘 읽고 맞는 것을 골라봐. 쉽지 않을걸!

잠

휘리릭~ 나는 야! 정의의 사도! 덤벼랏

꿈 속에서 아주 신났군.

방귀

방귀 냄새~ 또 뀌었어?

제가 뀌었지만 진짜 지독하네요.

61 컴퓨터 게임을 하느라 잠을 안 자고 날을 샜어. 어떻게 될까?

① 집중이 안 되고 멍해져.
② 기억력이 좋아져.
③ 평소와 다름없어.

62 우린 졸리면 눈을 비벼. 왜 그럴까?

① 빨리 자라고 뇌가 일부러 눈을 따끔거리게 해서
② 눈곱이 생겨서 가려워서
③ 눈에 물기가 바짝 말라서

63 우리는 자는 동안 재미있는 모험을 하기도 하고, 무서운 일에 시달리기도 해. 이런 걸 뭐라고 할까?

64 뿌웅! 방귀는 뭘까?

① 몸 속 나쁜 가스가 나오는 거야.
② 엉덩이가 숨을 쉬는 거야.
③ 몸 속 공기가 폭발한 거야.

65 다음 중 어떤 음식을 먹고 뀐 방귀 냄새가 가장 지독할까?

① 채소
② 고기
③ 밥

66 방귀는 입으로 뀌기도 해. 이 방귀를 뭐라고 할까?

① 재채기
② 휘파람
③ 트림

상처	깨끗한 몸
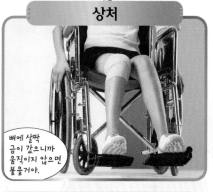	

뼈에 살짝 금이 갔으니까 움직이지 않으면 붙을거야.

세균 다 덤벼!

67 이마를 세게 부딪치면 혹이 나. 왜 그럴까?

① 뼈가 부풀어 올라서
② 핏줄이 부풀어 올라서
③ 핏줄이 터져 피가 고여서

68 피가 났다 멎으면서 딱지가 생겨. 딱지는 언제까지 생길까?

① 맨 처음 한 번만
② 하루가 지날 때까지
③ 상처가 다 아물 때까지

69 뼈는 부러져도 다시 붙어. 어떻게 붙는 걸까?

① 뼈에 바른 약 때문에
② 뼈끼리 저절로
③ 뼈를 꿰매서

70 씻지 않으면 왜 몸에서 좋지 않은 냄새가 날까?

① 세균이 많아져서
② 피부가 두꺼워져서
③ 몸에 먼지가 쌓여서

71 까만 때는 왜 생기는 걸까?

① 몸 속에서 찌꺼기들이 나와서
② 먼지나 땀이 피부에서 뭉쳐서
③ 피부가 벗겨져서

72 외출 후에는 왜 손발을 씻어야 할까?

① 피부에 물기를 주려고
② 햇볕을 쬔 피부를 식히려고
③ 나쁜 세균을 닦아 내려고

정답과 해설은 뒤쪽에 있어.

집중탐구 퀴즈 정답 & 해설

잠

정답 61. ① 62. ① 63. 꿈

컴퓨터 게임 등을 하면서 잠을 자지 않으면 큰일 나요. 뇌는 적당히 쉬지 않으면 제대로 일을 하지 못하기 때문이에요. 뇌는 휴식이 필요하면 눈을 따끔거리게 해서 잠이 필요하다는 신호를 보내요. 그래서 졸리면 눈을 비비게 돼요.

잠을 자는 동안 뇌는 휴식을 취하지만, 아무 일도 하지 않는 건 아니에요. 우리가 기억하든 못 하든 뇌는 꿈을 만들어 내니까요.

방귀

정답 64. ① 65. ② 66. ③

음식을 먹고 소화를 할 때 음식물에서는 가스가 생겨요. 우리 몸은 이런 가스가 어느 정도 쌓이면 바깥으로 내보내는데, 가스가 엉덩이로 나오는 게 방귀고, 입으로 나오는 게 트림이에요. 방귀와 트림은 나오는 곳만 다른 거예요.

여러 사람이 있을 때 방귀를 뀌는 건 실례예요. 특히, 단백질이 많은 고기를 먹고 뀐 방귀에서 더욱 지독한 냄새가 난답니다.

상처

깨끗한 몸

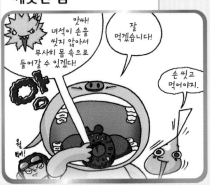

정답 67.③ 68.③ 69.②

넘어져서 긁히거나 까지면 피가 멎으면서 딱지가 생겨요. 가렵다고 딱지를 계속 떼면 상처가 잘 아물지 않고 흉터가 지니까 아물 때까지 건드리면 안 돼요.

몸을 세게 부딪치면 핏줄이 터져 피부 밑에 고여서 멍이 생겨요. 이마를 부딪친 거라면 머리 뼈 위에 피가 볼록하게 고여 혹이 생기고요. 그리고 뼈는 부러져도 가만히 고정해 두면 스스로 붙는답니다.

정답 70.① 71.② 72.③

밖에서 재밌게 놀다 오면 부모님은 손을 꼭 씻으라는 말씀을 하세요. 귀찮다고 생각하겠지만 바깥에는 몸에 해로운 세균이 많아서 나갔다 돌아오면 손발을 씻는 것이 건강에 좋답니다.

오랫동안 씻지 않으면 피부에 세균이 많아져서 이상한 냄새가 나기도 해요. 먼지 등이 피부에 쌓이면 까만 때가 되기도 하니 멋쟁이가 되려면 잘 씻는 게 중요해요.

38-39쪽 정답이야.

집중탐구 퀴즈

문제를 잘 읽고 맞는 것을 골라봐. 쉽지 않을걸!

눈

시력이 많이 나빠졌구나.

네, 책을 너무 열심히 봤더니…

눈물

아가야! 울 지마 아빠가 있잖아.

저 너무 웃어서 눈물이 나는 건데…

73 왜 깜깜한 곳에서는 아무것도 안 보일까?

① 빛이 없어서
② 뇌가 밤이라고 착각을 해서
③ 눈이 자동으로 감겨서

74 눈동자는 밝은 곳과 어두운 곳 중 어디에서 더 클까?

① 밝은 곳
② 어두운 곳
③ 둘 다 같아.

75 눈이 나빠지면 안경이나 렌즈를 껴. 눈은 왜 나빠질까?

① 눈 근육이 일을 잘 못해서
② 눈에 먼지가 많이 껴서
③ 눈동자가 작아져서

76 왜 기쁠 때도 눈물이 날까?

① 감정 표현을 잘 못해서
② 뇌가 슬플 때로 착각해서
③ 웃다가 얼굴 근육이 눈물샘을 건드려서

77 눈물은 물인데 왜 짠맛이 날까?

① 짠 땀이랑 섞여서
② 짠 피부랑 섞여서
③ 눈물에 소금기가 있어서

78 왜 눈물이 날 때 콧물도 나는 걸까?

① 눈물을 나게 하는 명령이 코로도 가서
② 눈과 코가 연결되어서
③ 눈물이 코에서 만들어져서

42

귀

시끄러워 못 살겠다. 귀 살려~

지지지징~

뚱땅뚱땅

코

음~ 향기로운 냄새! 꽃아~ 넌 어떻게 향기까지 날 닮았니?

내가 좀 더 예쁜거 같은데…

79 귀에 소리가 더 잘 들리게 하려면 어떻게 하면 될까?

① 귀지를 파.
② 귓바퀴에 손을 대.
③ 눈을 감고 정신을 집중해.

80 음악을 크게 듣는 건 귀에 좋을까, 나쁠까?

① 좋아.
② 나빠.

81 귀는 소리를 듣는 거 말고 다른 일도 해. 어떤 일을 할까?

① 혀가 맛보는 걸 도와.
② 코가 냄새 맡는 걸 도와.
③ 몸을 똑바로 설 수 있게 해.

82 코는 어떻게 음식 냄새를 맡을까?

① 냄새 물질이 콧속에 들어와서
② 콧속에서 냄새 물질이 생겨서
③ 냄새를 머리로 생각해 내서

83 혀는 4가지 맛을 느껴. 그럼 코는 몇 가지 냄새를 맡을까?

① 4가지 정도
② 100가지 정도
③ 2,000가지 이상

84 코가 막히면 음식 맛도 몰라. 왜 그럴까?

① 콧물이 입으로 넘어와서
② 혀가 코 대신 숨을 쉬어서
③ 냄새를 못 맡아서

정답과 해설은 뒤쪽에 있어.

눈

눈물

정답 **73. ① 74. ② 75. ①**

앞을 볼 수 없으면 무척 답답할 거예요. 깜깜한 곳에 들어갔을 때처럼요. 눈은 반사되는 빛으로 세상을 보기 때문에, 빛이 없으면 아무것도 볼 수 없어요. 어두운 곳에서 눈동자가 커져요. 이는 더 많은 빛을 받기 위해 그러는 거예요.

눈에도 근육이 있어요. TV를 많이 보거나 컴퓨터를 너무 많이하면 눈 근육이 약해져서 제 역할을 못 하면서 시력이 나빠져요. 그러면 안경이나 렌즈를 껴야 잘 볼 수 있답니다.

정답 **76. ③ 77. ③ 78. ②**

눈물은 슬플 때뿐만 아니라 눈을 보호하기 위해서 항상 조금씩 흘러요. 눈물은 눈물샘에서 나는데, 가끔 기쁠 때도 눈물이 나는 건 웃다가 얼굴 근육이 눈물샘을 자극했기 때문이에요.

눈물에는 약간의 소금기가 녹아 있어서 맛을 보면 짠맛이 나요. 또 우는 사람들은 대부분 눈물과 콧물을 같이 흘려요. 이건 눈과 코가 가느다란 관으로 연결되어 있기 때문이에요.

귀

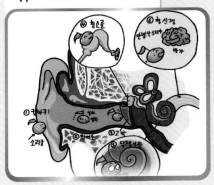

코

정답 79. ② 80. ② 81. ③

귀는 소리를 듣는 곳이에요. 소리를 잘 듣고 싶으면 소리를 더 많이 모으면 돼요. 그래서 귓바퀴에 손을 대면 소리를 모을 수 있어요. 하지만 너무 크게 들으면 귀가 상할 수도 있어요. 그러므로 음악을 들을 땐 적당한 크기의 소리로 들어야 해요.

귀는 소리만 듣는 역할만 하는 것이 아니예요. 귓속의 달팽이관 등은 몸의 균형을 유지해 주는 역할을 해요.

정답 82. ① 83. ③ 84. ③

코는 숨을 쉬는 역할을 하지만 냄새를 맡는 역할도 해요. 공기 중에 떠돌아다니는 냄새 물질들이 콧속을 자극하면 냄새를 느낄 수 있어요. 코는 우리 몸에서 굉장히 예민한 부분 중 하나로 2,000가지가 넘는 냄새를 구별할 수 있어요. 꾸준히 연습을 하면 1만 가지도 구별할 수 있다고 해요.

냄새는 맛을 보는 데도 중요해서, 코가 막히면 맛을 정확히 구별하지 못한답니다.

42~43쪽 정답이야.

집중탐구 퀴즈

문제를 잘 읽고 맞는 것을 골라봐. 쉽지 않을걸!

맛과 혀

난 새콤달콤 오렌지 주스~

목소리

전화 목소리라서 조금 다른거야.

너 신디 맞아? 목소리가 다른거 같아.

85 혀는 단맛, 쓴맛, 짠맛, 그리고 또 어떤 맛을 느낄까?

① 매운맛
② 신맛
③ 톡 쏘는 맛

86 매운맛은 맛이 아니야. 그럼 맛이 아니고 뭘까?

① 혀가 아픈 느낌
② 맵다는 생각
③ 매운 성분과 충치균의 싸움

87 혀는 맛을 보는 것 말고 또 어떤 일을 할까? (답은 2개)

① 말을 할 때 쓰여.
② 입술을 축여 줘.
③ 냄새를 맡아.

88 목소리는 고운 사람, 거친 사람도 있어. 왜 사람마다 다른 걸까?

① 평소 먹는 게 달라서
② 입이나 성대의 모양이 달라서
③ 말을 하는 정도가 달라서

89 다른 사람에게 말을 할 때 나도 내 목소리를 들어. 다른 사람이 듣는 것과 내가 듣는 게 같을까, 다를까?

① 같아.
② 달라.

90 다음 중 목소리가 만들어지는 곳은 어디일까?

① 입과 목
② 머리
③ 아랫배

우리 몸의 기록 1

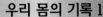

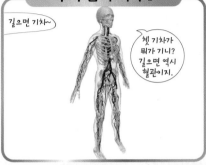

길으면 기차~

쳇 기차가 뭐가 기니? 길으면 역시 혈관이지.

우리 몸의 기록 2

에에에, 에취! 콧속에 벌레가 들어갔나?

침이 여기까지 튀었잖아.

91 핏줄은 우리 몸 구석구석 뻗어 있어. 모두 이으면 얼마나 될까?

① 우리 나라 세 바퀴를 도는 정도
② 우리 나라에서 미국 정도
③ 지구 세 바퀴를 도는 정도

92 우리는 평생 똥을 누며 살아. 평생 눈 똥을 다 합치면 얼마나 무거울까?

① 어른 10명 몸무게만큼
② 1톤 트럭 10대에 실을 만큼
③ 10톤 트럭 10대에 실을 만큼

93 머리카락은 보통 얼마나 길게 자랄까?

① 엉덩이 정도까지
② 자기 키 정도까지
③ 자기 키 두 배 정도까지

94 재채기를 할 때 나오는 공기는 얼마나 빠를까?

① 고속 도로의 자동차만큼
② 하늘을 나는 비행기만큼
③ 우주의 로케트만큼

95 우리 몸에서 가장 단단한 부분은 어디일까?

① 이
② 무릎
③ 팔꿈치

96 우리 몸의 뼈 중 이를 제외하고 가장 단단한 뼈는 무엇일까?

① 머리뼈
② 넓적다리뼈
③ 정강이 뼈

정답과 해설은 뒤쪽에 있어.

맛과 혀

목소리

정답 85. ② 86. ① 87. ①, ②

혀는 단맛, 쓴맛, 짠맛, 신맛의 네 가지 맛을 느껴요. 단맛은 혀 끝에서, 쓴맛은 혀의 뒤쪽에서, 신맛은 혀의 안쪽 가장자리에서, 그리고 짠맛은 혀 앞쪽 가장자리에서 느껴요. 매운맛은 혀에서 느끼는 맛이 아니고, 아프다는 피부의 감각과 냄새 때문에 느껴지는 거예요.

혀는 맛을 느끼는 것뿐만 아니라 말하고 입술을 축이고 음식을 옮기는 등의 다양한 일을 해요.

정답 88. ② 89. ② 90. ①

얼굴 생김새가 사람마다 다르듯이 목소리도 사람마다 달라요. 목소리를 만들어 내는 목, 입 같은 곳의 모양이 사람마다 다르기 때문이죠. 재미있는 건 내 목소리를 내가 듣는 것과 남이 듣는 목소리가 달라요. 과 자기 목소리는 귀로만 들리는 게 아니라 얼굴뼈를 통해서 소리가 직접 전달되기 때문이에요. 자기 목소리를 한번 녹음해서 들어 보면 알 수 있을 거예요.

우리 몸의 기록 1

정답 91. ③ 92. ② 93. ①

우리 몸의 기록을 살펴볼까요? 우리 몸 속에 있는 혈관들을 모두 펼쳐서 이으면 9만 ~ 13만 킬로미터가 돼요. 이는 지구를 3바퀴나 감을 수 있는 길이예요.

우리가 평생 누는 똥을 모두 모으면 10톤이나 되고요.

머리카락은 보통 90센티미터 정도 자라면 빠져요.

손톱, 발톱은 하루에 0.1밀리미터씩 꾸준히 자라요. 한 달이면 3밀리미터 정도 되겠네요.

우리 몸의 기록 2

정답 94. ② 95. ① 96. ②

재채기는 우리가 무심코 해 버리지만, 그 속도가 비행기만큼 빠르다고 해요.

이는 다이아몬드 다음으로 단단한 사기질로 싸여 있어 우리 몸에서 가장 단단해요.

이를 제외한 뼈 중에선 넓적다리뼈가 가장 단단하고 충격에 잘 견뎌요. 파리의 에펠탑도 넓적다리뼈 모양을 흉내 내서 만들었대요.

물은 우리 몸에서 가장 많은 부분을 차지해, 무려 60~70퍼센트를 차지한답니다.

46-47쪽 정답이야.

교과서 도전 퀴즈

학교 시험에는 어떻게 나올까? 도전해봐!

정답 52쪽

---

1 어릴 때의 나와 지금의 나　　　　　　　　　　　　　2학년

어릴 때　　　　　　　　지금

1. 작년에 입었던 옷이 헐렁해졌다. (○ , ×)

2. 작년에 신었던 운동화가 작아졌다. (○ , ×)

3. 어렸을 때 손이 닿지 않던 곳에 손이 닿는다. (○ , ×)

4. 두발 자전거를 타다가 세발 자전거를 탄다. (○ , ×)

5. 혼자서 일기를 쓸 수 있다. (○ , ×)

---

2 운동할때 호흡 변화　　　　　　　　　　　　　　　6학년

1. 호흡이 가장 빨라질 때는 음식을 먹을 때 이다. (○ , ×)

2. 호흡을 통해 산소와 몸 속의 영양소가 만나 에너지를 만든다. (○ , ×)

3. 달리기나 축구를 할 때 호흡이 빨라진다. (○ , ×)

4. 많은 에너지를 필요로하는 운동을 할 때 산소를 충분히 공급하기 위해서 호흡이
   빨라진다. (○ , ×)

52쪽 정답 **4** 1. ○ 2. × 3. ○ 4. ○ 5. × 6. ×

50

3 운동할 때 몸에서 일어나는 변화 6학년

변화	원인
호흡이 빨라짐.	산소를 빨리 공급하기 위해
심장 박동과 맥박이 빨라짐.	혈액을 빨리 공급하기 위해
피부에 땀이 남.	체온 조절 및 노폐물 배설을 위해
몸에 힘이 없어짐.	에너지를 많이 소모했기 때문

1. 운동을 하면 호흡과 심장 박동이 빨라지고, 땀이 난다. (○ , ×)

2. 운동을 하면 목이 마르다. (○ , ×)

3. 호흡이 빨라지는 이유는 이산화탄소를 많이 공급받기 위해서이다. (○ , ×)

4. 심장 박동과 맥박이 빨라지는 이유는 혈액을 빨리 공급하기 위해서이다.
   (○ , ×)

5. 갑자기 운동을 심하게 하면 근육을 많이 사용하게 되어 팔과 다리가 아프다.
   (○ , ×)

6. 땀이 나는 것은 호흡 조절을 하기 위한 것이고, 갈증이 나는 것은 몸 속에 근육이
   빠져 나갔기 때문이다. (○ , ×)

53쪽 정답 ⑤ 1. ○ 2. ○ 3. × ⑥ 1. ○ 2. × 3. × 4. ○

Round 1 우리 몸 1 · 51

4 심장과 혈액이 하는 일		6학년

순환기관	특징과 하는 일	모양과 위치
심장	• 혈액 순환의 중심 기관 • 크기는 본인의 주먹만 함. • 왼쪽 가슴 아래에 있음. • 펌프 작용을 통해 혈액을 온몸으로 순환시킴.	
혈액	• 소화 기관에서 흡수한 영양소와 폐에서 받아들인 산소를 온몸으로 보냄. • 온몸에서 발생한 이산화탄소와 노폐물을 폐나 배설 기관으로 보냄.	

1. 심장은 자신의 주먹만 한다. (○ , ×)

2. 심장은 오른쪽 가슴 아래에 있다. (○ , ×)

3. 심장은 펌프 작용을 통해 혈액을 온몸으로 순환시킨다. (○ , ×)

4. 혈액은 영양소와 산소를 온몸으로 보낸다. (○ , ×)

5. 심장은 몸 속의 이산화탄소와 노폐물을 배설 기관으로 보낸다. (○ , ×)

6. 심장은 피를 만드는 기관이다. (○ , ×)

기대하시라!

5 감각 기관이 하는 일 6학년

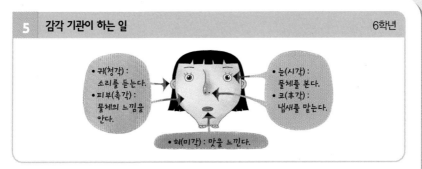

• 귀(청각) : 소리를 듣는다.
• 피부(촉각) : 물체의 느낌을 안다.
• 눈(시각) : 물체를 본다.
• 코(후각) : 냄새를 맡는다.
• 혀(미각) : 맛을 느낀다.

1. 눈, 귀, 코, 혀, 피부는 감각 기관이다. (○ , ×)

2. 귀는 듣는 일(청각), 코는 냄새를 맡는 일(후각)를 한다. (○ , ×)

3. 혀는 맛을 보는 일을 하고 이를 시각이라고 한다. (○ , ×)

6 자극이 전달되는 과정 6학년

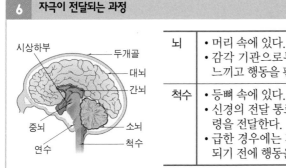

시상하부
두개골
대뇌
간뇌
중뇌
소뇌
연수
척수

뇌	• 머리 속에 있다. • 감각 기관으로부터 전달된 자극을 느끼고 행동을 판단해 결정한다.
척수	• 등뼈 속에 있다. • 신경의 전달 통로로 자극과 뇌의 명령을 전달한다. • 급한 경우에는 자극이 뇌까지 전달되기 전에 행동을 결정해 반응한다.

1. 뇌는 머리 속에 있다. (○ , ×)

2. 뇌는 순환 기관으로부터 전달된 자극을 느끼고 행동을 판단한다. (○ , ×)

3. 척수는 갈비뼈 속에 있다. (○ , ×)

4. 척수는 신경의 전달 통로로 자극과 뇌의 명령을 전달한다. (○ , ×)

51쪽 정답 ③ 1.○ 2.○ 3.× 4.○ 5.○ 6.×

Round 1 우리 몸 1 · 53

2 Round

우리 몸 2

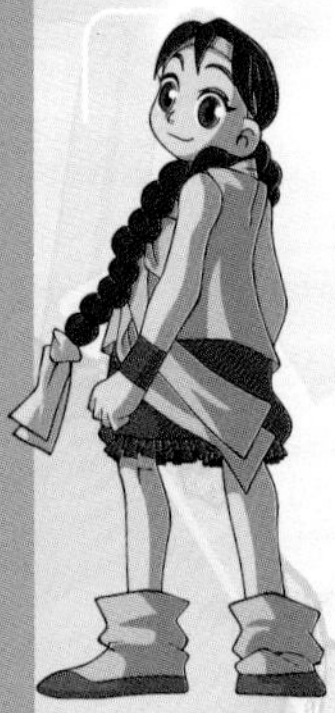

stage 2

- 집중탐구 퀴즈

몸의 구조 1 · 몸의 구조 2
뼈 1 · 뼈 2
근육 · 간과 호르몬
소화계 1 · 소화계 2
소화계 3 · 배설계
감각계 1 · 감각계 2
신경계 1 · 신경계 2
순환계 1 · 순환계 2

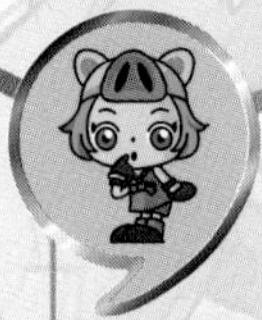

- 속담 퀴즈
- 또또 퀴즈

stage 1

- O× 퀴즈
- 있다없다 퀴즈
- 네모 퀴즈
- 사다리 퀴즈
- 왜?왜? 퀴즈

stage 3

● **집중탐구 퀴즈**

stage 4

● **교과서 도전 퀴즈**

1 눈, 코, 입, 귀는 뇌와 연결되어 있다.

2 아기뼈는 어른 뼈보다 단단하다.

3 식도는 공기가 지나가는 길이다.

4 큰창자에는 대장균이 산다.

5 독감 예방 주사는 평생 한 번만 맞으면 된다.

6 우리 몸의 온도는 언제나 똑같다.

7 갓태어난 아기는 걸을 수 있다.

8 아침에는 저녁보다 키가 작아진다.

각 쪽을 잘 보고, 답을 맞춰봐. 누가 더 많이 맞췄을까……

56

있다없다 퀴즈

있을까? 없을까? 알쏭달쏭~~ 비밀의 문을 열어봐!

정답 59쪽

1 뼈는 부러져도 다시
붙을 수 ~

2 나와 지문이 같은 사람이 ~

3 피가 나가는 핏줄이 ~

4 작은창자에는 털이 ~

5 고기를 녹이는 강력한 액이
나오는 기관이 ~

6 얼굴이 다른 쌍둥이도 ~

60-61쪽 정답 1① 2① 3② 4② 5① 6① 7① 8①

네모 퀴즈

네모 안에 들어갈 말은 뭘까? 답은 둘중 하나!

정답 60쪽

1 기도는 ▢ 이 지나가는 길이다. .... 음식 〉 공기

2 피가 온몸을 한바퀴 도는 데는 ▢ 이 걸린다. .... 1분 〉 1시간

3 허파 속에는 ▢ 모양의 공기 주머니가 있다. .... 꽈리 〉 풍선

4 하품은 ▢ 의 산소가 부족하면 한다. .... 위 〉 뇌

5 머리가 아픈 것은 ▢ 이 아픈 것이다. .... 뇌 〉 뇌를 싼 근육

6 배꼽은 ▢ 을 자른 자국이다. .... 탯줄 〉 힘줄

7 쌍둥이의 지문은 ▢. .... 같다 〉 다르다

8 음식물을 잘라서 영양분을 흡수하는 기관은 ▢ 기관이다. .... 소화 〉 감각

56쪽 정답 **1**○ **2**✕ **3**✕ **4**○ **5**✕ **6**○ **7**✕ **8**✕

사다리 퀴즈

알쏭달쏭 수수께끼! 사다리를 타면 답이 나와.

정답 61쪽

1 개는 개인데 사람 얼굴에 사는 개는?

2 늘 그대로 있는데 갔다고 하는 것은?

3 끊어야 나올 수 있는 줄은?

4 배 속에서 자라는 곡식들은?

5 나란히 붙어 앉아 들어오는 것을 찢는 것은?

6 아무리 뛰어도 제자리에 있는 것은?

7 뼈는 뼈인데 물렁한 뼈는?

8 놀라면 도망가는 것은?

심장

탯줄

물렁뼈

치아

간

콩팥

딸꾹질

보조개

57쪽 정답 **1** 있다 **2** 없다 **3** 있다 **4** 있다 **5** 있다 **6** 있다

왜 내가 내 몸에 간지럼을 태우면 간 지럽지 않을까?

① 뇌가 간지러울 줄 미리 알아서

② 뇌가 간지러운 느낌을 막아서

왜 아침보다 저녁에 키가 더 작아질 까?

① 물렁뼈가 줄어들어서

② 근육이 줄어들어서

왜 배꼽을 만지면 아플까?

① 소화가 잘 안 되어서

② 세균이 들어가서

왜 밥을 먹은 후에는 잠이 더 잘 오는 걸까?

① 잠을 자야 소화가 잘 되므로

② 위가 소화 작용을 하느라 피곤해 서

58쪽 정답 1 공기 2 1분 3 파리 4 뇌 5 뇌를 싼 근육 6 탯줄 7 다르다 8 소화

60

5

왜 햇빛이 내리쬐는 여름에는 피부가
까맣게 탈까?

① 햇빛을 막으려고
② 햇빛에 피부세포가 죽어서

6

왜 물속에 오래 있었더니 손이 쪼글
쪼글해질까?

① 피부 속에 물이 들어가서
② 피부에 보호막이 생겨서

7

왜 피곤할때 단 것을 먹으면 피로가
회복될까?

① 에너지가 빨리 생겨서
② 잠을 깊이 잘 수 있어서

8

왜 콧속에 꼬딱지가 생길까?

① 공기 속의 먼지를 걸러내려고
② 코에 침이 넘어가서

집중탐구 퀴즈

문제를 잘 읽고 맞는 것을 골라봐. 쉽지 않을걸!

몸의 구조 1

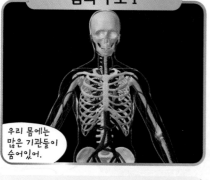

우리 몸에는 많은 기관들이 숨어있어.

몸의 구조 2

난 뇌를 만드는 뇌세포

1 심장은 근육 조직이 모여 피를 온몸으로 보내 주는 곳이야. 심장처럼 조직이 모여 이루어진 부분을 뭐라고 할까?

① 세포　　② 기관　　③ 단체

2 심장이 내보낸 피는 핏줄을 통해 온몸을 돌아. 심장과 핏줄처럼 피가 온몸에 흐르게 하는 기관을 뭐라고 할까?

① 배설 기관　　② 순환 기관
③ 소화 기관

3 앞을 보거나 냄새를 맡을 수 있는 건 눈과 코가 이 곳과 연결되어 있기 때문이야. 이 곳은 어디일까?

① 뇌　　　　② 위
③ 심장

4 우리 몸의 이것은 너무 작아서 눈에 보이지 않지만 이것이 모여서 뼈도 되고 근육도 돼. 이것은 뭘까?

① 세포　　　　② 핏줄
③ 힘줄

5 우리는 세포 때문에 몸이 자라. 세포가 어떻게 되는 걸까?

① 세포의 크기가 커져.
② 세포의 수가 많아져.
③ 세포가 서로 합쳐져.

6 신경세포는 100년 동안 살고, 정자와 난자는 하루나 이틀 동안 살아. 그럼 피부세포는 얼마나 살까?

① 약 3일　　　　② 약 20일
③ 약 10년

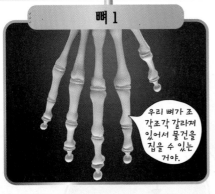

뼈 1

우리 뼈가 조각조각 갈라져 있어서 물건을 집을 수 있는 거야.

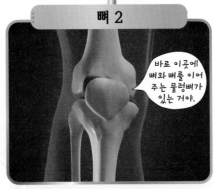

뼈 2

바로 이곳에 뼈와 뼈를 이어 주는 물렁뼈가 있는 거야.

7 손가락뼈는 물건을 집는 일을 해. 등뼈는 무슨 일을 할까?

① 우리 몸 전체를 지탱해.

② 핏줄을 보호해.

③ 피부를 단단하게 해.

8 뼈는 우리 몸의 기관들을 보호 해. 심장과 허파를 보호하는 뼈는 어떤 것일까?

① 척추 　　② 갈비뼈

③ 등뼈

9 뼈는 우리 몸이 서고 움직일 수 있게 해 줘. 다음 중 뼈가 하는 일은 또 무엇일까?

① 손톱을 자라게 해.

② 피를 만들어.

③ 근육을 만들어.

10 아기의 뼈는 이것이 부족해서 어른의 뼈보다 물렁물렁해. 이것은 뭘까?

① 칼슘

② 물

③ 단백질

11 뼈와 뼈 사이에는 이것이 있어서 부드럽게 움직일 수 있어. 이것은 뭘까?

① 물

② 근육

③ 물렁뼈

12 뼈는 부러져도 다시 붙을 수 있어. 왜 그럴까?

① 뼈에 접착 물질이 나와서

② 뼈세포가 조금씩 자라서

③ 부러진 곳에 물렁뼈가 생겨서

정답과 해설은 뒤쪽에 있어.

집중탐구 퀴즈 정답 & 해설

몸의 구조 1

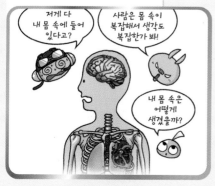

정답 1. ② 2. ② 3. ①

기관은 조직이 모여서 일정한 일을 하는 부분이에요. 가령 심장은 신경 조직, 근육 조직 등이 모여서 피를 온몸으로 보내 주는 기관이에요.

기관이 하는 일은 모두 달라요. 소화 기관은 음식물을 잘게 잘라 영양분을 흡수하고, 순환 기관은 심장에서 나온 피를 온몸에 전달해요.

눈, 코, 입, 귀, 피부 등의 감각 기관은 뇌와 연결되어 있어요. 뇌는 감각 기관에서 받아들인 정보를 판단하고 우리 몸에 명령을 내려요.

몸의 구조 2

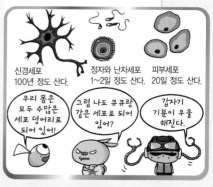

신경세포
100년 정도 산다.

정자와 난자세포
1~2일 정도 산다.

피부세포
20일 정도 산다.

정답 4. ① 5. ② 6. ②

우리 몸은 눈에 보이지 않을 정도로 작은 세포로 이루어져 있어요. 세포가 모여 뼈도 되고 근육도 돼요. 키와 몸집이 자라는 것도 세포가 쪼개지며 그 수가 점점 많아지기 때문이에요.

세포는 정자와 난자처럼 하루나 이틀밖에 살지 못하는 세포도 있고, 신경세포처럼 100년 정도 살 수 있는 세포도 있어요. 피부세포는 20일 정도 사는데, 죽으면 비듬이나 각질로 벗겨져 나와요.

뼈 1

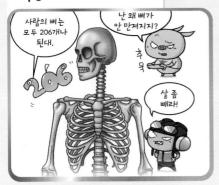

사람의 뼈는 모두 206개나 된대.

난 왜 뼈가 안 만져지지?

축 욱

살 좀 빼라!

뼈 2

아욜 분유는 단단한 뼈를 만들어 주는 칼슘이 듬뿍 들어 있어요!

엄마, 나 저 분유 사 줘!

연필은 안 사 줘도 먹는 건 다 사 준다!

척

정답 7.① 8.② 9.②

뼈는 우리 몸을 서게 하고, 위, 심장 등 몸 속의 기관들을 다치지 않게 보호해 줘요. 뼈의 가운데는 구멍이 뚫려 있는데, 피를 만드는 골수가 들어 있어요.

뼈는 모두 206개가 있는데, 뼈마다 하는 일이 조금씩 달라요. 등 한가운데의 등뼈는 몸 전체를 지탱하고, 갈비뼈는 심장과 허파를 감싸서 보호해요. 손뼈는 여러 작은 마디로 나누어져 물건 집기, 글씨 쓰기 같은 섬세한 일을 해요.

정답 10.① 11.③ 12.②

갓난아기의 뼈는 칼슘이 없는 부드러운 물렁뼈로 되어 있어서 물렁물렁해요. 물렁한 뼈는 자라면서 칼슘을 흡수해서 단단한 뼈가 돼요. 하지만 어른이 되서도 콧등과 귓바퀴는 물렁뼈 상태로 남아 있어요.

뼈와 뼈 사이는 단단한 뼈들이 서로 부딪히지 않고 잘 움직일 수 있도록 부드러운 물렁뼈가 있어요.

단단한 뼈가 부러지면 부러진 곳에서 새로운 뼈세포가 조금씩 자라서 다시 단단하게 붙게 돼요.

62-63쪽 정답이야.

집중탐구 퀴즈

문제를 잘 읽고 맞는 것을 골라봐. 쉽지 않을걸!

근육

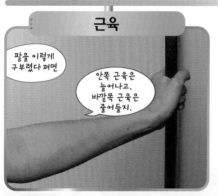

팔을 이렇게 구부렸다 펴면

안쪽 근육은 늘어나고, 바깥쪽 근육은 줄어들지.

간과 호르몬

난 두번째 큰 간님이시다.

---

13 팔에도 다리에도 몸 속에도 근육이 있어. 근육은 무슨 일을 할까?

① 몸을 움직이게 해.
② 몸이 숨쉬게 해.
③ 몸이 서 있게 해.

14 팔과 다리의 근육은 뼈에 붙어서 몸을 움직이게 해. 그럼 근육과 뼈는 무엇이 이어 줄까?

① 물렁뼈　　② 힘줄
③ 핏줄

15 팔을 굽혔다 쫙 펴면 안쪽 근육은 늘어나. 그럼 바깥쪽 근육은 어떻게 될까?

① 줄어들어.
② 늘어나.
③ 구불구불해져.

16 간은 우리 몸에서 두 번째로 큰 기관이야. 간은 어떤 일을 할까?

① 뼈 속의 칼슘을 만들어.
② 독성이 있는 물질을 없애.
③ 영양분을 흡수해.

17 음식을 많이 먹어도 이것이 없으면 키가 자라지 않아. 이것은 뭘까?

① 골수
② 성장호르몬
③ 적혈구

18 엔도르핀은 뇌의 아래쪽에서 만들어져. 엔도르핀은 어떤 일을 할까?

① 아픈 느낌을 없애.
② 키를 크게 해.
③ 소화가 빨리 되게 해.

소화계 1

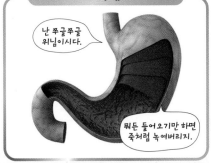

난 쭈글쭈글 위님이시다.

뭐든 들어오기만 하면 죽처럼 녹여버리지.

소화계 2

이렇게 구불구불한 길을 음식물이 소화되는 거야.

와! 완전 구불구불하네.

19 침은 음식물 속의 이 성분을 분해해. 이 성분은 뭘까?

① 단백질
② 녹말
③ 지방

20 음식은 입에서 식도를 지나 위로 가. 위에서 어떻게 될까? (답은 2개)

① 더 잘게 쪼개져.
② 찌꺼기가 걸러져.
③ 세균이 죽어.

21 위에서 잘게 쪼개진 음식물은 작은창 자로 가. 작은창자에서는 어떤 일이 일어날까? (답은 2개)

① 더욱더 잘게 쪼개져.
② 수분이 흡수돼.
③ 영양소가 흡수돼.

22 식도는 음식이 지나가는 길이고 기도 는 공기가 지나가는 길이야. 그럼 음 식이 기도로 들어가면 어떻게 될까?

① 하품을 해.   ② 기침을 해.
③ 콧물이 나와.

23 위 속의 강한 소화액은 쇠고기도 녹 여. 그런데 왜 위벽은 녹이지 못할까?

① 위벽이 고기보다 질겨서
② 위벽을 감싸는 물질이 나와서
③ 위벽에 털이 많아서

24 먹은 음식은 작은창자에서 큰창자로 내려가. 어떻게 내려갈까?

① 작은창자가 아래로 밀어서
② 피에 쓸려서
③ 큰창자가 잡아당겨서

정답과 해설은 뒤쪽에 있어.

근육

앉아서 공부만 하니까 근육도 없고 비실거리지!

우리 몸엔 600개가 넘는 근육이 있어!

사람은 머리가 좋아야 한다구~

간과 호르몬

우리 몸에서 가장 큰 기관은 피부야. 그럼 두 번째로 큰 기관은 무엇일까?

힌트는 철과 비타민을 저장하는 곳이라고!

팟

간! 영어로 리버(liver)!

정답 13.① 14.② 15.①

우리 몸에는 600개가 넘는 근육이 있어요. 근육에는 심장, 위의 근육처럼 스스로 움직이는 근육도 있고, 팔과 다리의 근육처럼 늘었다 줄었다 하면서 뼈를 움직여 우리 몸을 움직이는 근육도 있어요. 이 때 팔과 다리의 근육과 뼈는 힘줄로 이어져 있어요.

근육은 항상 짝을 지어 움직여요. 예를 들어, 팔을 쫙 펼 때는 팔 안쪽 근육이 늘어나고 바깥쪽 근육은 줄어들어요.

정답 16.② 17.② 18.①

간은 단백질을 만들어 저장하고, 비타민과 철분을 저장해요. 또 몸속에 있는 해로운 독성 물질을 없애는 일도 해요.

우리 몸에는 성장을 도와 주고 몸의 균형을 유지해 주는 여러 호르몬이 있어요. 성장호르몬은 키를 크게 해 주고, 성호르몬은 남성, 여성만의 특징이 나타나게 해 줘요.

엔도르핀은 뇌의 아래쪽에서 만들어지는 호르몬인데, 몸의 통증을 느끼지 못하게 해 줘요.

소화계 1

소화계 2

정답 **19.** ② **20.** ①, ③ **21.** ①, ③

우리가 먹은 음식은 입에서 부서져요. 이 때 입 속의 침은 음식물 속의 녹말을 분해해요. 어느 정도 부서진 음식물은 식도를 통해 위로 들어가요. 위는 음식물을 녹여서 죽처럼 만든 다음 작은창자로 보내요.
작은창자는 수많은 털로 음식물 속에 있는 영양분을 빨아들이고 남은 찌꺼기를 큰창자로 보내요. 큰창자는 찌꺼기 속에서 물을 흡수하고 나머지는 밖으로 내보내요. 이렇게 밖으로 나온 게 바로 똥이에요.

정답 **22.** ② **23.** ② **24.** ①

기도는 공기가 지나가는 길이고, 식도는 음식이 지나가는 길이에요. 만약 기도로 음식이 들어가면 기침을 해서 밖으로 내보내요.
위에는 질긴 고기도 녹이는 강력한 소화액이 나오는데, 위벽을 보호해 주는 물질도 함께 나와서 위는 녹지 않아요.
위, 작은창자, 큰창자는 모두 스스로 오므렸다 폈다 하면서 음식을 밀어내요. 그래서 소화된 음식이 점점 아래로 내려가요.

66-67쪽 정답이야.

집중탐구 퀴즈

문제를 잘 읽고 맞는 것을 골라봐. 쉽지 않을걸!

소화계 3

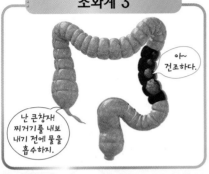

아~
건조하다.

난 큰창자!
찌꺼기를 내보
내기 전에 물을
흡수하지.

배설계

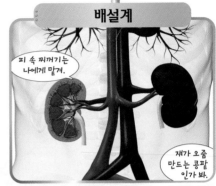

피 속 찌꺼기는
나에게 맡겨.

쟤가 오줌
만드는 콩팥
인가 봐.

---

25 소화가 되고 남은 음식 찌꺼기는 쌓여 있다가 똥으로 나와. 어디에 쌓여 있을까?

① 작은창자   ② 큰창자
③ 간

26 작은창자는 음식물의 영양분을 흡수해. 큰창자는 무슨 일을 할까?

① 물을 흡수해.
② 영양분을 온몸으로 보내.
③ 오줌과 똥을 만들어.

27 큰창자에는 대장균이 살아. 대장균은 어떤 일을 할까?

① 음식 찌꺼기의 균을 흡수해.
② 음식 찌꺼기의 물을 흡수해.
③ 음식 찌꺼기를 잘게 쪼개.

28 우리 몸의 찌꺼기는 똥과 오줌으로 버려질 뿐만 아니라 이것으로도 버려져. 이것은 뭘까?

① 침   ② 땀
③ 눈물

29 오줌은 피 속의 물과 찌꺼기가 이 곳에서 걸러져서 만들어져. 이 곳은 어딜까?

① 콩팥   ② 방광
③ 십이지장

30 추운 날은 더운 날보다 오줌이 자주 마려워. 왜 그럴까?

① 땀이 덜 나서
② 콩팥에서 빨리 걸러져서
③ 추워서 신경이 예민해져서

감각계 1

난 높은 곳에만 올라오면 귀가 멍멍해져.

침을 삼켜봐. 그럼 좀 괜찮아.

감각계 2

자 어디 한번 먹어 볼까?

단맛은 앞쪽에서 잘 느껴져.

31 귀가 두 개여서 양쪽 소리를 들을 수 있어. 눈이 두 개여서 좋은 점은 뭘까?

① 사물이 선명하게 보여.
② 사물의 거리를 알 수 있어.
③ 사물의 크기를 알 수 있어.

32 똑같은 물건의 길이가 다르게 보이는 착시 현상은 왜 생길까?

① 몸이 피곤해서
② 눈이 잘못 봐서
③ 뇌가 잘못 판단해서

33 높은 산에 올라가면 귀가 멍멍해질 때가 있어. 왜 그럴까?

① 소리 전달이 잘 안 되어서
② 공기의 압력이 달라져서
③ 어지러워서

34 맛이 혀에서 느껴지는 건 혀의 가장자리에 이것이 있기 때문이야. 이것은 뭘까?

① 침　　　　　② 융털
③ 미뢰

35 코에는 콧구멍이 두 개 있어. 왜 그럴까?

① 냄새를 좀 더 잘 맡으려고
② 번갈아서 냄새를 맡으려고
③ 냄새의 종류를 구별하려고

36 감기에 걸리면 냄새를 맡기 힘들어. 왜 그럴까?

① 뇌의 기능이 약해져서
② 열이 나서 코가 부어서
③ 콧물이 콧속을 덮어서

정답과 해설은 뒤쪽에 있어.

소화계 3

배설계

정답 25.② 26.① 27.③

큰창자는 음식이 마지막으로 지나는 곳이에요. 입, 위, 작은창자를 통해 소화되고 남은 음식 찌꺼기가 큰창자에 머물다가 항문을 통해 똥으로 나와요.

큰창자는 음식 찌꺼기를 밖으로 내보내기 전에 찌꺼기 속에 있는 물을 흡수해요.

큰창자 속에는 대장균이 살아요. 대장균은 식중독을 일으키는 세균이지만, 큰창자 속에서는 음식을 더 잘게 쪼개 줘요.

정답 28.② 29.① 30.①

우리 피 속의 찌꺼기는 땀과 오줌으로 나와요. 땀은 피부 밑에 있는 수많은 땀샘에서 만들어져요. 땀은 99퍼센트가 물이고, 나머지 1퍼센트가 찌꺼기예요. 찌꺼기 속에 소금기가 들어 있어서 땀은 짠맛이 나요. 오줌은 콩팥에서 피 속의 물과 찌꺼기가 걸러져서 만들어져요.

추운 날에는 더운 날보다 오줌이 자주 마려워요. 땀을 덜 흘리는 대신 주로 오줌을 통해서 찌꺼기를 내보내기 때문이에요.

감각계 1

우리는 귀가 두 개라서 양쪽 소리를 듣고 소리의 방향을 알 수 있어요. 또 눈이 두 개라서 물체가 가까이 있는지 멀리 있는지를 알 수 있어요. 그런데 가끔 길이가 똑같은 물건인데도 길이가 다르게 보이는 착시 현상이 일어나요. 착시 현상은 눈으로 본 것을 뇌가 잘못 판단했기 때문이에요.

높은 곳에 올라가면 귀가 멍멍해질 때가 있어요. 이것은 귓속의 고막을 안과 밖에서 누르던 공기의 힘이 달라졌기 때문이에요.

감각계 2

혀에서는 단맛, 신맛, 쓴맛, 짠맛을 느끼는데, 특히 쓴맛을 잘 느껴요. 맛은 혀의 가장자리에 있는 미뢰로 느껴요.

냄새를 맡는 세포는 쉽게 피곤해져요. 그래서 두 개의 콧구멍이 서로 번갈아 가며 냄새를 맡아요. 한쪽 콧구멍이 냄새를 맡을 때 다른 쪽 콧구멍은 쉰답니다.

감기에 걸리면 냄새 맡기가 힘들어요. 콧속의 냄새 맡는 세포를 콧물이 덮어 버리기 때문이에요.

신경계 1

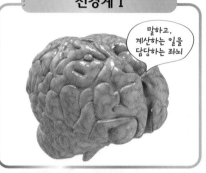

말하고, 계산하는 일을 담당하는 좌뇌

신경계 2

음~ 매끈매끈 한거 보니 나뭇잎 같다.

37 뇌는 수많은 신경세포로 이루어져 있어. 뇌의 겉모양은 어떨까?

① 주름이 자글자글해.
② 팽팽해.
③ 구멍이 숭숭 뚫렸어.

38 오른쪽 뇌는 음악 감상을 해. 왼쪽 뇌는 무슨 일을 할까?

① 그림 그리는 일을 해.
② 말하고 계산하는 일을 해.
③ 몸을 움직이는 일을 해.

39 대뇌를 다치면 기억력이 떨어져. 소뇌를 다치면 어떻게 될까?

① 체온 조절이 힘들어.
② 숨 쉬기가 힘들어.
③ 똑바로 서 있기가 힘들어.

40 손등이 가려울 때 손등의 신경이 뇌에게 신호를 보내면 이 곳을 지나 뇌로 가. 이 곳은 어디일까?

① 척수   ② 핏줄
③ 심장

41 신경은 뇌에서 신호를 받지 않고도 일을 할 수 있어. 다음 중 어떤 일일까?

① 넘어져서 우는 일
② 심장을 쿵쿵 뛰게 하는 일
③ 생각하는 일

42 눈을 가리고 물건을 알아맞힐 때 손등보다 손끝으로 만져 보는 게 정확해. 왜 그럴까?

① 손끝에 신경세포가 많아서
② 손끝에 신경세포가 커서
③ 손끝에 신경세포가 길어서

순환계 1

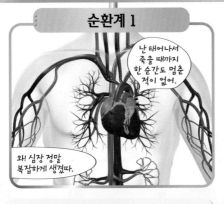

난 태어나서 죽을 때까지 한 순간도 멈춘 적이 없어.

와! 심장 정말 복잡하게 생겼따.

순환계 2

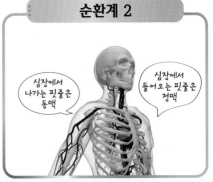

심장에서 나가는 핏줄은 동맥

심장에서 들어오는 핏줄은 정맥

43 심장은 쿵쾅쿵쾅 쉬지 않고 뛰어. 심장은 왜 뛰는 걸까?

① 산소를 흡수하려고
② 온몸에 피를 전해 주려고
③ 찌꺼기를 내보내려고

44 우리가 먹은 음식의 영양분은 피를 통해 온몸으로 전달돼. 그럼 코로 들이마신 산소는 누가 온몸으로 전달 해 줄까?

① 뼈   ② 신경   ③ 피

45 피는 심장에서 나갈 때는 붉은데 온몸을 돌고 나면 검붉어. 왜 그럴까?

① 찌꺼기가 들어 있어서
② 피의 양이 점점 많아져서
③ 피 속에 세균이 들어와서

46 심장에서 피가 나가는 핏줄을 동맥이라고 해. 심장으로 피가 들어오는 핏줄은 뭐라고 할까?

① 정맥   ② 모세혈관
③ 판막

47 심장에서 나온 피는 핏줄을 통해 온몸을 돌아. 온몸을 돈 피는 어디로 갈까?

① 근육   ② 심장
③ 뼈

48 우리 몸의 핏줄은 지구 둘레를 세 바퀴나 감을 수 있어. 피가 핏줄을 타고 몸을 한 바퀴 도는 데 얼마나 걸릴까?

① 1분도 안 걸려.
② 1시간 걸려.
③ 하루가 걸려.

정답과 해설은 뒤쪽에 있어.

집중탐구 퀴즈 정답&해설

신경계 1

신경계 2

정답 37.① 38.② 39.③

뇌는 수많은 신경세포가 들어 있어서 주름이 자글자글해요.

뇌는 대뇌, 소뇌, 뇌간으로 나누어져요. 대뇌는 기억, 판단 등 정신 활동을 해요. 대뇌의 오른쪽은 음악 감상, 그림 그리기처럼 감성적이고 창의적인 일을 담당해요. 그리고 왼쪽은 말하고 계산하는 일처럼 논리적인 일을 담당해요.

뇌간은 호흡, 소화, 혈액 순환 등의 생명 활동을 담당해요. 소뇌는 팔, 다리를 움직이거나 몸의 균형을 잡는 등 운동과 관련된 일을 해요.

정답 40.① 41.② 42.①

우리가 손등이 가려우면 감각 신경세포는 뇌에게 가렵다는 신호를 보내요. 그러면 뇌는 운동 신경세포에게 긁으라는 명령을 내려요. 이때 가렵다는 신호와 명령을 내리는 신호는 등뼈 안의 척수를 지나요.

척수는 호흡과 같이 멈추면 안 되는 일과 뜨거운 것에 손을 대면 금방 떼게 하는 일처럼 급한 일을 해요.

신경세포는 온몸에 퍼져 있어요. 손끝과 입술은 손등과 뺨보다 신경세포가 많아서 예민하지요.

순환계 1

순환계 2

정답 43. ② 44. ③ 45. ①

심장은 잠시도 쉬지 않고 쿵쾅쿵쾅 뛰며 온몸에 피를 내보내요.

심장에서 나온 피는 우리 몸을 돌면서 영양분과 산소를 전달하고, 찌꺼기와 이산화탄소를 받아 와요. 피는 심장에서 나갈 때는 붉은색이었다가 온몸을 돌고 나면 찌꺼기와 이산화탄소가 쌓여서 검붉은색이 돼요. 피 속에 있던 찌꺼기는 콩팥(신장)에서 걸러져 오줌으로 나오고, 이산화탄소는 허파를 통해 다시 몸 밖으로 나가요.

정답 46. ① 47. ② 48. ①

심장에서 나온 피는 가장 먼저 심장과 붙어 있는 동맥을 통해 모세혈관으로 가요. 온몸에 흩어져 있는 모세혈관을 돌면서 영양소와 산소를 전달해요. 그런 뒤 정맥을 따라 다시 심장으로 돌아와요.

우리 몸의 핏줄의 길이는 12만 킬로미터나 돼요. 이는 지구 둘레를 세 바퀴나 돌 수 있는 길이예요. 이렇게 긴 핏줄 속의 피가 온몸을 한 바퀴 도는 데는 채 1분도 걸리지 않아요.

74-75쪽 정답이야.

■에 못 박힌다.

➜ 같은 이야기를 싫도록 되풀이해
들어서 더는 듣기 싫다.

말속에 ■가 있다.

➜ 예사로운 말 같으나 그 속에 숨은
의미가 뜻이 있다.

귀에 걸면 귀걸이, ■에 걸면
■걸이

➜ 어떤 사실이 이렇게도 저렇게도
해석된다.

■고픈데 장사 없다.

➜ 아무리 강한 사람이라도 배고
픈 건 참을 수 없다.

■■도 남 안 준다

➜ 남들이 싫어하는 감기도 주지 않
을 만큼 인색하다.

감기

배

귀

뼈

코

쉬어가기

또또 퀴즈

정답 125쪽

다음 그림 중 다른 그림 하나는 어느 것일까?

①

②

③

④

⑤

⑥

과연~ 만만치 않을걸?

33쪽 정답

또또퀴즈~ 정말 재미있다. 어디 어디 숨었을까?

집중탐구 퀴즈

문제를 잘 읽고 맞는 것을 골라봐. 쉽지 않을걸!

호흡계 1

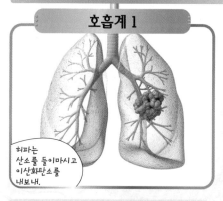

허파는 산소를 들이마시고 이산화탄소를 내보내.

호흡계 2

아~ 졸려.

하품을 하는 걸 보니 뇌에 산소가 부족하군. 공기가 들어가는 길이 좁아졌나 봐.

49 우리가 코로 산소를 들이마시면 이 곳에서 흡수돼. 이 곳은 어디일까?

① 심장
② 허파
③ 간

50 허파 속에는 꽈리 모양의 공기주머니가 있어서 산소를 많이 흡수할 수 있어. 이 주머니의 이름은 뭘까?

① 허파꽈리 ② 허파주머니
③ 허파꽈배기

51 허파 속에서 흡수된 산소는 피를 통해 온몸을 돌아. 산소는 몸 속에서 어떤 일을 할까?

① 에너지를 만들어.
② 피를 맑게 해.
③ 세균을 없애.

52 콧속의 털은 숨 쉬는 일을 도와. 어떻게 도울까?

① 공기 중의 수증기를 걸러내.
② 공기 중의 먼지를 걸러내.
③ 공기 중의 산소를 걸러내.

53 우리 뇌 속에 산소가 부족하면, 산소를 얻으려고 이것이 나와. 이것은 무엇일까?

① 재채기 ② 하품
③ 딸꾹질

54 드르렁 드르렁 코를 고는 건 숨 쉬기가 힘들기 때문이야. 왜 숨 쉬기가 힘들까?

① 공기가 드나드는 길이 좁아져서
② 코에 염증이 생겨서
③ 공기가 너무 많이 들어가서

항상성

모르는 소리. 체온은 항상 36.5도로 변함없어.

아이스크림을 많이 먹으면 체온이 내려가겠지?

연결된 기관

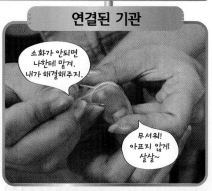

소화가 안되면 나한테 맡겨. 내가 해결해주지.

무서워! 아프지 않게 살살~

55 뜨거운 여름에 체온을 재면 36.5도야. 그럼 추운 겨울에 체온을 재면 몇 도일까?

① 33.5도　　　② 36.5도

③ 39.5도

56 젓갈처럼 짠 음식을 먹으면 물을 많이 먹어. 왜 그럴까?

① 짜게 된 몸을 원래 상태로 되돌리려고

② 몸 속의 물이 부족해져서

57 우리 몸은 추우면 몸을 떨고 더우면 땀을 흘려. 왜 그럴까?

① 피부를 보호하기 위해

② 수분을 빼기 위해

③ 체온을 유지하기 위해

58 눈이 아파서 눈에 안약을 넣으면 쓴맛이 느껴져. 왜 그럴까?

① 눈과 입이 연결되어 있어서

② 눈에도 미뢰가 있어서

③ 눈이 아프면 혀에 쓴맛이 나서

59 소화가 안 될 때는 손을 따면 소화가 잘 돼. 왜 그럴까?

① 소화를 돕는 물질이 나와서

② 소화 기관에 자극을 줘서

③ 피를 뽑아서

60 밥을 먹고 바로 운동을 했더니 배가 아파. 왜 그럴까?

① 위 속 음식물의 무게 때문에

② 소화액이 많이 나와서

③ 소화에 필요한 에너지를 운동에 사용해서

정답과 해설은 뒤쪽에 있어.

집중탐구 퀴즈 정답 & 해설

호흡계 1

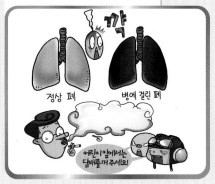

호흡계 2

정답 49. ② 50. ① 51. ①

우리가 코로 들이마신 공기는 기도와 기관을 지나 허파로 들어가요. 허파는 허파꽈리라는 아주 작은 공기주머니로 이루어져 있어요. 허파꽈리는 작은 돌기 모양으로 생겨서 많은 양의 산소를 흡수할 수 있어요. 허파꽈리는 들이마신 공기에서 산소를 흡수하고, 몸 속에서 생긴 이산화탄소를 밖으로 내보내요. 허파꽈리에서 흡수된 산소는 피를 통해 영양소와 함께 우리 몸에 필요한 에너지를 만드는 데 쓰여요.

정답 52. ② 53. ② 54. ①

콧속의 코털은 공기 속의 먼지를 걸러 내요. 코딱지는 코털이 걸러 낸 먼지와 콧물이 섞여서 만들어진 덩어리예요.

잘 때 코를 고는 사람이 있어요. 공기가 허파까지 들어가는 통로인 기도가 좁아져서 코를 골게 돼요.

하품도 호흡 중의 하나예요. 뇌 속에 산소가 부족해졌을 때 하품을 해요. 하품을 해서 한꺼번에 공기를 많이 들이마셔 부족한 산소를 보충하는 거예요.

항상성

연결된 기관

정답 55. ② 56. ① 57. ③

우리 몸은 언제나 일정한 상태를 유지하려고 해. 이를 항상성이라고 해. 더울 때나 추울 때나 체온은 항상 36.5도예요. 또 더울 땐 오줌과 땀을 내보내서 몸을 식히고, 추울 땐 몸을 부르르 떨어 열을 내서 체온을 높여요.

또 짠 음식을 먹으면 물을 마셔서 짜게 된 몸을 원래 상태로 돌려요. 반대로 몸 속의 소금기가 부족하면 오줌이나 땀을 조금만 내보내요. 이렇게 몸의 상태를 일정하게 조절해 주는 일은 호르몬이 해요.

정답 58. ① 59. ② 60. ③

눈에 안약을 넣으면 혀에서 쓴맛이 느껴져요. 눈과 입이 연결되어 있어서 눈에 넣은 안약이 혀에 닿기 때문이에요.

손은 우리 몸의 각 기관과 신경으로 연결되어 있어요. 그래서 소화가 안 될 때 손을 따면 소화 기관에 자극을 주게 되어 소화가 잘 돼요.

음식을 먹고 바로 운동을 하면 배가 아파요. 소화에 필요한 에너지를 운동에 사용해서 음식이 소화되지 않은 채 몸 속에 남아 있기 때문이에요.

임신	쌍둥이

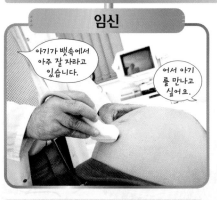

아기가 뱃속에서 아주 잘 자라고 있습니다.

어서 아기를 만나고 싶어요.

오늘 교실 바꿔서 들어가 볼까?

그래볼까? 똑같이 생겨서 아무도 모를껄?

61 아기는 엄마의 난자 한 개와 아빠의 정자 몇 개가 만나서 생길까?

① 한 개
② 다섯 개
③ 열 개

62 아기는 엄마 몸 속에 있을 때 이 곳에서 자라. 이 곳은 어디일까?

① 심장
② 위
③ 자궁

63 배 속의 아기는 엄마와 탯줄로 연결되어 있어. 이 탯줄은 무슨 일을 할까?

(답은 2개)

① 아기에게 영양분을 줘.
② 엄마와 이야기하게 해 줘.
③ 아기에게 산소를 줘.

64 얼굴이 닮은 쌍둥이를 일란성 쌍둥이라고 해. 얼굴이 닮지 않은 쌍둥이를 뭐라고 할까?

① 클론   ② 이란성 쌍둥이
③ 닮은꼴

65 일란성 쌍둥이는 얼굴도, 목소리도 모두 같아. 그럼 사람마다 모두 다른 지문도 같을까?

① 그럼, 지문도 같아.
② 아니, 지문은 달라.

66 쌍둥이는 엄마 몸 속에서 함께 자랐어. 그럼 탯줄도 함께 썼을까?

① 그럼, 같이 썼어.
② 아니, 탯줄은 따로 썼어.

유전

난 혀말기를 할 수 있는 유전자와 할 수 없는 유전자를 모두 가지고 있어.

그럼 날 가진 사람은 혀말기를 할 수 있겠군.

유전공학

힘든 병으로 고통받는 사람들을 위해 연구하자.

하지만 인간존엄성 때문에 반대하는 사람도 많아.

67 우리는 부모님에게 이것을 물려받아서 부모님과 닮았어. 이것은 뭘까?

① 유전자
② 세포
③ 염색

68 유전자는 염색체 속에 들어 있어. 그럼 염색체는 어디에 들어 있을까?

① 뇌
② 세포
③ 배꼽

69 엄마는 혀 말기를 할수 있고, 아빠는 할수 없는데, 나는 할수 있어. 왜 그럴까?

① 혀 말기를 할 수 있는 유전자만 받아서
② 혀 말기를 하는 유전자의 모습만 나타나서

70 유전자에는 몸의 정보가 있어. 유전자로 알 수 있는 건 뭘까? (답은 2개)

① 머리가 좋은지 나쁜지
② 키가 얼마나 자랄지
③ 자식은 몇 명 낳을지

71 유전자를 연구하는 학문인 유전 공학이 발달하면 좋은 점은 뭘까?

① 죽지 않게 돼.
② 질병을 예방할 수 있어.
③ 마음의 병을 치료할 수 있어.

72 요즘 유전 공학에서는 난치병치료를 위해 이것을 연구하고 있어. 이것은 뭘까?

① 배아줄기세포　② 수정란
③ 염색체

정답과 해설은 뒤쪽에 있어.

임신

쌍둥이

정답 61. ① 62. ③ 63. ①, ③

아기는 엄마의 난자와 아빠의 정자가 엄마 몸 속에서 만나 만들어져요. 난자는 1개월에 한 개씩 나오고, 정자는 매일 7,000만 개 정도 만들어져요. 아기가 만들어질 때 엄마의 몸 속에 정자가 한꺼번에 2억 개가 넘게 들어가요. 수많은 정자 중 가장 빠르고 건강한 정자 한 개만이 난자와 만나 아기가 만들어져요.

배 속의 아기는 엄마 몸과 연결된 탯줄로 영양분과 산소를 공급받고 이산화탄소와 노폐물을 내보내요.

정답 64. ② 65. ② 66. ②

일란성 쌍둥이는 같은 유전자를 가지고 있어서 생김새가 똑같아요. 하지만 유전자가 같은 쌍둥이도 지문은 달라요. 지문은 피부 상태와 환경에 따라 만들어지기 때문에 자신과 지문이 같은 사람이 한 명도 없어요.

이란성 쌍둥이는 쌍둥이지만 서로 다른 유전자를 가지고 있어서 생김새나 성별이 다를 수 있어요.

쌍둥이는 엄마와 탯줄이 각각 연결되어 있어요. 예를 들어 두 명의 쌍둥이는 탯줄이 두 개예요.

유전

우리는 엄마, 아빠를 닮았어요. 엄마, 아빠로부터 닮은 성질의 유전자를 받았기 때문이에요. 유전자는 세포 속에 있는 염색체 속에 들어 있어요.

유전자는 성격이 겉으로 잘 드러나는 우성과 잘 드러나지 않는 열성으로 나뉘어요. 예를 들어, 엄마는 혀 말기를 할 수 있고, 아빠는 혀 말기를 할 수 없다면 아기는 혀 말기를 할 수 있어요. 이것은 우성인 혀 말기 유전자가 겉으로 드러났기 때문이에요.

유전공학

유전자에는 우리 몸의 모든 정보가 들어 있어요. 머리가 곱슬인지, 쌍꺼풀이 있는지 등 겉모습의 정보는 물론 머리가 좋을지, 키는 얼마나 자랄지, 어떤 병에 걸릴 위험이 있는지 등 알 수 있어요.

유전 공학은 유전자를 연구해서 미리 병을 예방하거나, 불치병을 치료할 약을 개발하는 학문이에요.

배아줄기세포는 우리 몸의 모든 조직 세포로 자랄 수 있어서, 불치병 치료에 도움이 돼요.

84-85쪽 정답이야.

집중탐구 퀴즈

문제를 잘 읽고 맞는 것을 골라봐. 쉽지 않을걸!

성장

어떻게 하루에 18시간이나 자냐? 잠꾸러기

저 지금 자라고 있는 중이에요.

성장판

성장판이 닫히기 전에 열심히 운동해서 모델되자.

그런데 우리 공부는 언제하나?

73 갓 태어난 아기들은 계속 잠을 자. 왜 자꾸 자는 걸까?

① 자는 동안 땀을 내보내려고
② 자는 동안 자라려고
③ 자는 동안 소화를 시키려고

74 송아지는 태어나자마자 걷지만 사람은 걷지 못해. 언제 걸을 수 있을까?

① 태어난 지 한 달 안팎
② 태어난 지 100일 안팎
③ 태어난 지 1년 안팎

75 아기들은 아무 물건이나 입에 넣어 봐. 왜 그럴까?

① 배가 고파서
② 무슨 물건인지 알아보려고
③ 엄마의 주의를 끌려고

76 성장판은 키를 크게 해 주는 곳이야. 성장판은 어디에 있을까?

① 근육
② 신경세포의 끝
③ 뼈의 끝

77 성장판이 단단해지면 키가 자라지 않아. 성장판은 언제쯤 단단해지는 걸까?

① 7세 전　　　② 15세 전후
③ 30세 전후

78 키가 크려면 성장판을 자극해야 해. 다음 중 성장판을 자극하는 방법은 뭘까? (답은 2개)

① 열심히 운동을 해.
② 잠을 푹 자.
③ 독서를 많이 해.

남녀 차이

난 아기를 낳을 수 있는 준비를 한대.

난 사춘기가 되면 아빠처럼 수염이 난대.

사춘기와 성

뭘 시작하고 끝냈다는 거지? 비밀 암호인가?

으이구! 생리 날짜를 표시한 거잖아.

79 엄마 몸 속에서 남자인지 여자인지 결정돼. 성별은 무엇으로 결정될까?

① 엄마의 난자
② 아빠의 정자
③ 난자와 정자가 만난 수정란

80 사춘기가 되면 남자의 얼굴에는 수염이 나지만 여자는 안 나. 무엇 때문에 그런 걸까?

① 성호르몬   ② 피부의 조직
③ 유전자

81 아기를 낳는 여자는 남자보다 근육이 적은 대신 이것이 많아. 이것은 뭘까?

① 뼈를 이루는 칼슘
② 피 속에 있는 산소
③ 피부 아래의 지방

82 10세가 넘으면 남자와 여자는 몸이 변해. 다음 중 남자의 변화는 뭘까?

① 어깨가 벌어져.
② 엉덩이가 커져.
③ 가슴이 봉긋하게 솟아나.

83 여자는 한 달에 한 번씩 생리를 해. 생리는 왜 하는 걸까?

① 자궁에 세균이 들어와서
② 자궁에 피가 많이 생겨서
③ 자궁벽이 두꺼워져서

84 남자는 가끔씩 몽정이라는 것을 해. 몽정은 뭘까?

① 정액이 나오는 것
② 몸 속 찌꺼기가 나오는 것
③ 죽은 백혈구가 나오는 것

정답과 해설은 뒤쪽에 있어.

집중탐구 퀴즈 정답 & 해설

성장

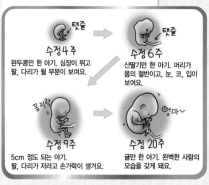

태줄
수정 4주
완두콩만 한 아기. 심장이 뛰고 팔, 다리가 될 부분이 보여요.

태줄
수정 6주
산딸기만 한 아기. 머리가 몸의 절반이고, 눈, 코, 입이 보여요.

꿈지락
수정 9주
5cm 정도 되는 아기. 팔, 다리가 자라고 손가락이 생겨요.

엄마~
수정 20주
귤만 한 아기. 완벽한 사람의 모습을 갖게 돼요.

성장판

키 크기 훈련 중
탁탁탁
키 크는 게 뭐 어렵다고~
쩌~
쿨쿨

정답 **73. ② 74. ③ 75. ②**

갓난아기는 하루에 18~20시간 잠을 자요. 자는 동안 성장호르몬이 나와 몸이 자라고, 꿈을 꾸는 동안 뇌가 발달해요.

갓 태어난 아기는 걷지 못해요. 뼈가 단단하지 않고 근육도 약하기 때문이에요. 그래서 몸을 뒤집고, 기고, 벽을 잡고 일어서는 동작을 연습하고 1년 정도 지나야 걸을 수 있어요.

아기는 감각 기관 중에서 입이 가장 먼저 발달해요. 그래서 아무 물건이나 입에 넣으려고 해요.

정답 **76. ③ 77. ② 78. ①, ②**

우리를 자라게 하는 성장판은 단단한 뼈의 끝부분에 있어요. 성장판의 세포가 쪼개져서 뼈가 길어지면서 키가 자라게 돼요.

성장판은 개인차는 있지만 보통 여자는 13~15세, 남자는 15~17세 정도가 되면 딱딱해져요. 그러면 더 이상 키가 크지 않아요.

키가 크려면 성장판이 딱딱해지기 전에 열심히 운동을 해서 성장판을 자극해야 해요. 또 잠을 푹 자면 성장 호르몬이 많이 나와서 키가 잘 자라요.

남녀 차이

사춘기와 성

정답 79.② 80.① 81.③

배 속의 아기가 남자인지 여자인지를 결정하는 것은 아빠의 정자예요. 정자 속에는 여성 염색체와 남성 염색체가 함께 들어 있는데, 난자가 정자의 어떤 염색체와 만나느냐에 따라 남녀가 결정돼요.

사춘기 때 남자는 남성호르몬이, 여자는 여성호르몬이 많이 나와서 몸의 생김새가 서로 달라져요. 예를 들어 여자는 남자보다 지방이 많아요. 아기를 임신하고 낳을 때 필요한 에너지를 몸 속에 저장해 두기 위해서예요.

정답 82.① 83.③ 84.①

사춘기가 되면 남자는 근육이 발달하고 어깨가 벌어지고 얼굴에 수염이 나기 시작해요. 여자는 가슴이 봉긋해지고 골반이 발달해서 엉덩이가 커져요.

또 여자는 한 달에 한 번씩 난세포가 난자로 자라요. 이 때 자궁도 함께 두꺼워지는데, 임신이 되지 않으면 두꺼워진 자궁벽이 피와 함께 밖으로 나와요. 이것이 생리예요.

남자의 정자는 하루에 약 7,000만 개씩 만들어지는 데, 가끔 몸 밖으로 나와요. 이를 몽정이라고 해요.

88-89쪽 정답이야.

집중탐구 퀴즈

문제를 잘 읽고 맞는 것을 골라봐. 쉽지 않을걸!

면역

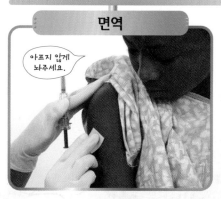

아프지 않게 놔주세요.

영양소

난 단백질이 가득!

난 비타민이 가득!

85 우리 몸에는 면역 작용이 있어서 병을 막기도 해. 면역이란 뭘까?

① 피로 회복을 하는 것
② 몸 안의 독소를 빼 주는 것
③ 병균이 들어오면 싸우는 것

86 독감 예방 주사는 매년 맞아야 해. 왜 그럴까?

① 약효가 금방 떨어져서
② 새로운 병균이 나타나서
③ 좋은 약이 자꾸 개발되어서

87 독감은 높은 열이 나고 마른 기침을 하는 병이야. 독감은 뭘로 전염될까?

① 주사 바늘에 묻은 세균으로
② 숨 쉴 때 나오는 공기로
③ 상처에서 나오는 피로

88 탄수화물은 에너지를 만드는 영양소 야. 단백질은 뭘까?

① 몸을 자라게 해.
② 피곤하지 않게 해.
③ 이를 만들어.

89 밥처럼 탄수화물이 든 음식을 많이 먹 는데 몸 속엔 거의 없어. 왜 그럴까?

① 똥으로 모두 나와서
② 모두 단백질로 바뀌어서
③ 움직이는 동안 없어져서

90 비타민 A는 피부를 곱게 해 줘. 비타 민 D는 무슨 일을 할까?

① 어두운 때 잘 보이게 해.
② 뼈를 단단하게 해.
③ 근육을 튼튼하게 해.

비만

첨단 과학

91 어릴 때 비만이면 커서도 비만이 되기 쉬워. 왜 그럴까?

① 지방세포의 수가 줄지 않아서
② 지방세포가 무거워져서
③ 지방세포의 크기가 커져서

92 살을 빼려면 식습관이 중요해. 다음 중 바른 식습관은 뭘까?

① 아침은 먹지 않아.
② 한 가지 음식만 먹어.
③ 음식을 골고루 먹어.

93 살을 빼려면 운동을 해야 해. 다음 중 가장 올바른 운동법은 뭘까?

① 윗몸 일으키기만 해.
② 밥을 먹자마자 달려.
③ 30분 이상 걸어.

94 이것은 지문처럼 사람마다 달라서 사람을 구별하는 데 쓰여. 이것은 뭘까?

① 피부의 땀샘
② 눈의 홍채
③ 입술의 주름

95 우주에 가면 뼈 마디가 늘어나서 키가 커져. 왜 그럴까?

① 잡아당기는 힘이 없어서
② 항상 누워서 지내야 해서
③ 공기가 누르는 힘이 없어서

96 큐큐는 심장병 환자를 위한 인공 심장을 개발하고 싶어 해. 뭘 공부하면 될까?

① 지구 과학　　② 물리학
③ 생명 공학

정답과 해설은 뒷쪽에 있어.

집중탐구 퀴즈 정답 & 해설

면역

영양소

정답 85. ③ 86. ② 87. ②

우리 몸에 병균이 들어오면 병에 걸리지 않도록 우리 몸은 병균과 싸워요. 이런 현상을 면역이라고 해요. 수두나 홍역 예방 주사는 한 번 맞으면 병에 걸리지 않아요. 몸 속에 수두나 홍역을 이길 항체가 이미 만들어졌기 때문이에요. 그런데 독감은 매번 나타나는 바이러스가 달라서 매번 예방 주사를 맞아야 해요. 높은 열이 나고 기침과 두통이 계속되는 독감은 공기나 환자의 침으로 전염되는 질병이에요.

정답 88. ① 89. ③ 90. ②

단백질, 지방, 탄수화물은 우리 몸에 꼭 필요한 영양소예요. 단백질은 몸을 자라게 하고, 탄수화물과 지방은 에너지를 만들어요. 우리는 밥과 빵 등에서 탄수화물을 많이 먹는데, 움직이는 동안 에너지로 써서 몸 속에는 거의 남아 있지 않아요. 비타민도 중요한 영양소예요. 비타민 A는 어두운 곳을 잘 볼 수 있게, 비타민 C는 잇몸을 튼튼하게, 비타민 D는 뼈를 단단하게 해요.

비만

첨단 과학

정답 91. ① 92. ③ 93. ③

어릴 때 비만인 아이는 커서도 비만인 경우가 많아요. 어렸을 때 늘어난 지방세포의 수가 어른이 돼서도 줄어들지 않기 때문이에요.

어릴 때는 한창 자라는 시기이기 때문에, 살을 빼겠다고 음식을 줄이거나 굶는 것은 좋지 않아요. 음식은 골고루 먹고 꾸준히 운동을 해서 살을 빼는 것이 좋아요.

살을 빼려면 달리기나 자전거, 걷기와 같은 유산소 운동을 하는 것이 가장 좋아요.

정답 94. ② 95. ① 96. ③

손끝의 지문이나 눈의 홍채는 사람마다 달라요. 그래서 지문이나 홍채를 보면 누가 누구인지 구별할 수 있어요.

우주에 가면 지구처럼 잡아당기는 힘이 없어서 뼈마디가 늘어나요. 그래서 우주에서는 키가 3센티미터 정도 커져요.

생명 공학은 유전자 연구와 인간의 생명과 관련 있는 물건을 만드는 분야예요. 예를 들어 환자를 위한 인공 장기, 많은 사람이 먹을 수 있는 커다란 농작물 등을 개발해요.

92-93쪽 정답이야.

stage 4

교과서 도전 퀴즈

학교 시험에는 어떻게 나올까? 도전해봐!

정답 98쪽

---

1 우리 몸의 생김새   6학년

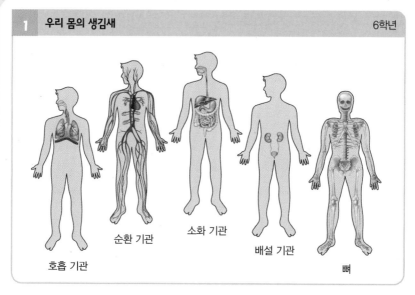

순환 기관

소화 기관

배설 기관

호흡 기관

뼈

---

1. 운동을 하면 호흡이 빨라지고, 심장 박동도 빨라진다. (○ , ×)

2. 뼈마디가 있으면 근육이 없어도 움직일 수 있다. (○ , ×)

3. 숨을 들이마시면 갈비뼈는 올라가고 가로막은 내려가 가슴 속이 넓어진다.
   (○ , ×)

4. 운동을 하면 몸에서 산소와 영양분을 필요로 하므로 심장 박동을 빠르게 하여 온
   몸에 혈액을 보낸다. (○ , ×)

5. 소화 기관은 위, 십이지장, 간, 이자, 작은창자, 큰창자이다. (○ , ×)

6. 땀은 몸 속 찌꺼기를 배설하고 체온을 조절하는 역할을 한다. (○ , ×)

7. 신장과 땀샘은 혈액 속의 찌꺼기를 걸러 찌꺼기를 몸 밖으로 내보낸다. (○ , ×)

98쪽 정답 **3** 1.○ 2.○ 3.○ 4.○ **4** 1.× 2.× 3.○

기대하시라!

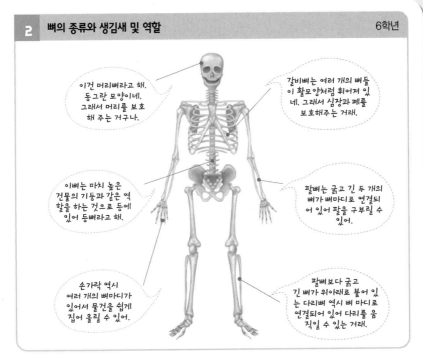

이건 머리뼈라고 해. 동그란 모양이네. 그래서 머리를 보호해 주는 거구나.

갈비뼈는 여러 개의 뼈들이 활모양처럼 휘어져 있네. 그래서 심장과 폐를 보호해주는 거래.

이뼈는 마치 높은 건물의 기둥과 같은 역할을 하는 것으로 등에 있어 등뼈라고 해.

팔뼈는 굵고 긴 두 개의 뼈가 뼈마디로 연결되어 있어 팔을 구부릴 수 있어.

손가락 역시 여러 개의 뼈마디가 있어서 물건을 쉽게 집어 올릴 수 있어.

팔뼈보다 굵고 긴 뼈가 위아래로 붙어 있는 다리뼈 역시 뼈 마디로 연결되어 있어 다리를 움직일 수 있는 거래.

1. 여러 개의 뼈가 연결되어 기둥 모양을 하고, 우리 몸을 지탱하는 뼈는 등뼈이다.
(○ , ×)

2. 뼈는 근육을 보호한다. (○ , ×)

3. 머리뼈는 뇌를 보호하는 일을 하고, 갈비뼈는 폐와 심장을 보호한다. (○ , ×)

4. 손가락뼈는 뼈 마디가 있어서 물건을 쉽게 집어 올릴 수 있다. (○ , ×)

5. 여러 개 뼈들이 활처럼 휘어있어서 심장과 폐를 보호해주는 뼈는 팔뼈이다.
(○ , ×)

6. 다리뼈는 나눠져있지 않고 하나로 이루어져 있다. (○ , ×)

교과서 도전 퀴즈

학교 시험에는 어떻게 나올까? 도전해봐!

정답 96쪽

---

3 근육의 모양과 하는 일   6학년

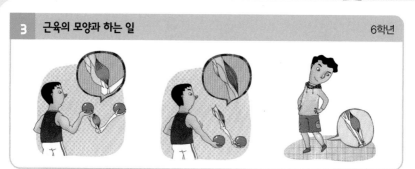

1. 근육은 오므라들거나 펴지면서 뼈를 움직이게 한다. (○ , ×)

2. 팔을 굽힐 때 안쪽 근육이 튀어나오면서 오므라들고, 바깥 근육은 펴진다. (○ , ×)

3. 팔을 펼 때는 안쪽 근육이 펴지고, 바깥쪽 근육은 오므라든다. (○ , ×)

4. 다리를 구부릴 때는 튀어나온 종아리 근육은 오므라들고, 앞쪽은 펴진다.

(○ , ×)

---

4 숨을 쉴때 호흡 기관의 모습   6학년

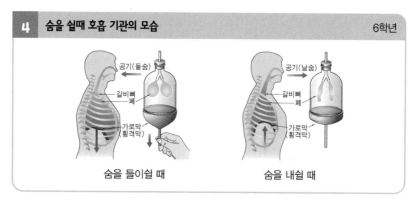

공기(들숨) / 갈비뼈 / 폐 / 가로막(횡격막)

숨을 들이쉴 때

공기(날숨) / 갈비뼈 / 폐 / 가로막(횡격막)

숨을 내쉴 때

1. 공기는 코→기관→기관지→심장→기관지→기관→코를 통해 나온다. (○ , ×)

2. 숨을 들이 쉬면 갈비뼈와 가로막이 올라온다. (○ , ×)

3. 숨을 내쉴 때는 갈비뼈가 아래로 내려오고, 가로막이 올라간다. (○ , ×)

96쪽 정답 **1** 1.○ 2.× 3.○ 4.○ 5.× 6.○ 7.○

98

기대하시라!

5 호흡 기관의 종류와 역할 6학년

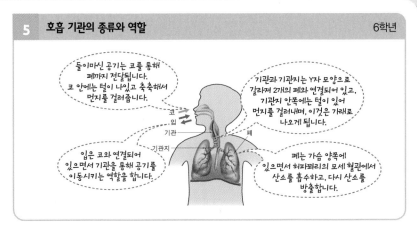

들이마신 공기는 코를 통해 폐까지 전달됩니다. 코 안에는 털이 나있고 축축해서 먼지를 걸러줍니다.

기관과 기관지는 Y자 모양으로 갈라져 2개의 폐와 연결되어 있고, 기관지 안쪽에는 털이 있어 먼지를 걸러내며, 이것은 가래로 나오게 됩니다.

입은 코와 연결되어 있으면서 기관을 통해 공기를 이동시키는 역할을 합니다.

폐는 가슴 양쪽에 있으면서 허파꽈리의 모세 혈관에서 산소를 흡수하고, 다시 산소를 방출합니다.

1. 입, 코, 허파, 기관 등은 호흡 기관이다. (○ , ×)

2. 코는 공기 중의 먼지와 세균을 걸러낸다. (○ , ×)

3. 기관과 기관지는 Y자 모양이고, 안쪽에 털이 있어 먼지를 걸러낸다. (○ , ×)

4. 폐는 이산화탄소를 흡수하고, 산소를 내보낸다. (○ , ×)

6 심장과 순환 기관 6학년

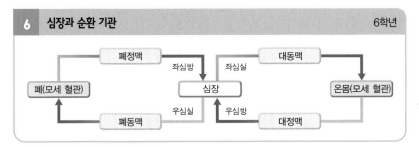

1. 심장은 혈액을 온몸을 돌게 한다. (○ , ×)

2. 심장에서 나온 혈액은 다시 심장으로 되돌아간다. (○ , ×)

3. 혈액은 심장 → 정맥 → 모세혈관 → 동맥 → 심장 순으로 순환한다. (○ , ×)

97쪽 정답 ❷ 1.○ 2.× 3.○ 4.○ 5.× 6.×

3 Round 건강과 질병

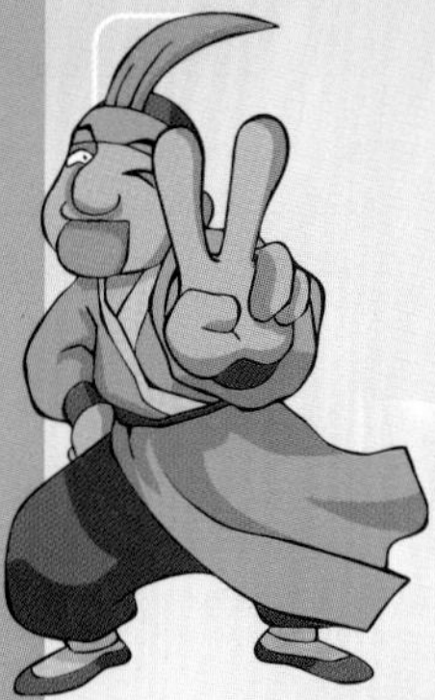

stage 1

- OX 퀴즈
- 있다없다 퀴즈
- 네모 퀴즈
- 사다리 퀴즈
- 왜?왜? 퀴즈

stage 2

- 집중탐구 퀴즈

5대 영양소 · 식품위생
봄과 여름의 건강 · 가을과 겨울의 건강
눈 건강 · 코와 귀 건강
이 건강 · 피부 건강
스트레스 · 정신 건강
약 · 응급처치
병원 · 병원 진찰
병원 검사 · 수술

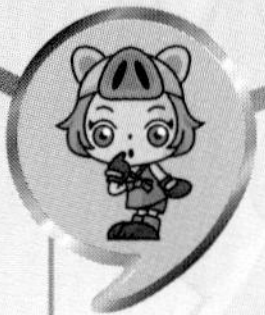

- 속담 퀴즈
- 또또 퀴즈

stage 3

집중탐구 퀴즈

감기 · 식중독
소화 · 비만
성인병 · 암
전염병 · 최신 유행병
세균 · 해충
눈병과 무좀 · 상처
근육과 뼈의 병 · 알레르기와 아토피
인류를 구한 약 · 질병의 역사

stage 4

교과서 도전 퀴즈

○ ┄┄┄ **1** 약은 많이 먹을수록 튼튼해진다. ┄┄┄ ×

○ ┄┄┄ **2** 귀지가 생기면 바로 파내야한다. ┄┄┄ ×

○ ┄┄┄ **3** 감기는 전염병이다. ┄┄┄ ×

○ ┄┄┄ **4** 음식을 오래 씹으면 살이 찐다. ┄┄┄ ×

○ ┄┄┄ **5** 멸치를 많이 먹으면 뼈가 튼튼해진다. ┄┄ ×

○ ┄┄┄ **6** 조류 독감은 새만 걸린다. ┄┄┄ ×

○ ┄┄┄ **7** 발을 삐었을 때는 뜨거운 찜질을 한다. ┄┄ ×

○ ┄┄┄ **8** 예방주사를 맞으면 병에 절대
걸리지 않는다. ×

각 쪽을 잘 보고, 답을 맞춰봐. 누가 더 많이 맞췄을까……

있다없다 퀴즈

있을까? 없을까? 알쏭달쏭~~ 비밀의 문을 열어봐!

정답 105쪽

건강과 질병

1 복숭아를 먹고 두드러기가 나는 사람이 ~

2 성인병은 어린이도 걸릴 수 ~

3 우리 몸의 뼈를 사진으로 찍을 수 ~

4 피 속에는 병균이 들어오면 싸우는 세포가 ~

5 암은 밥을 같이 먹으면 전염 될 수 ~

 없다

6 곰팡이에서 발견한 약이 ~

 없다

106~107쪽 정답 1① 2① 3② 4① 5① 6② 7② 8①

네모 퀴즈

네모 안에 들어갈 말은 뭘까? 답은 둘중 하나!

정답 106쪽

1 음식은 ▨▨ 먹는 게 좋다. ·············· 빨리 〉 천천히

2 똥을 잘 누지 못하는 병은 ▨▨ 이다. ··········· 변비 〉 설사

3 이에 사는 세균은 ▨▨ 을 먹고 산다. ········· 침 〉 당분

4 살은 ▨▨ 운동이 더 잘 빠진다. ·············· 줄넘기 〉 아령

5 고기, 콩에는 ▨▨ 가 많다. ················ 비타민 〉 단백질

6 수혈을 할때는 ▨▨ 이 같아야 한다. ·········· 혈액형 〉 성별

7 광우병은 ▨▨ 가 걸리는 병이다. ·············· 오리 〉 소

8 발에 곰팡이가 자라는 병은 ▨▨ 이다. ········ 무좀 〉 치질

102쪽 정답 **1** × **2** × **3** ○ **4** × **5** ○ **6** × **7** × **8** ×

사다리 퀴즈

알쏭달쏭 수수께끼! 사다리를 타면 답이 나와.

1 아무리 바빠도 꼭 쉬는 것은? ● 약

2 위 아래로 들락날락하는 것은? ● 무좀

3 무를 달라고 부탁하는 것은? ● 진맥

4 집에서는 절대 먹을 수 없는 것은? ● 수술

5 술은 술인데 모두 무서워하는 술은? ● 콧물

6 귀머거리도 잘 듣는 것은? ● 급식

7 눈으로 안 보고 손끝으로 보는 것은? ● 감기

8 들어도 무겁지 않은 것은? ● 숨

103쪽 정답 **1** 있다 **2** 있다 **3** 있다 **4** 있다 **5** 없다 **6** 있다

Round 3 건강과 질병 · 105

왜?왜? 퀴즈

왜? 왜그럴까? 숨겨진 이유를 찾아봐.

정답 103쪽

왜 몸무게가 갑자기 줄면 병원에 가
봐야할까?

① 몸에 이상이 있다는 신호라서
② 갑자기 살이 찌는 걸 막으려고

왜 음식을 오래 천천히 먹어야 할까?

① 오래 씹을수록 뇌에서 다이어트
물질이 나와서
② 오래 씹으면 많이 먹을 수 있어서

왜 아령 들기 운동이 달리기보다 살
이 덜 빠질까?

① 힘이 덜 들어서
② 근육을 단련시키는 운동이라서

왜 예방 주사를 맞은 후에 목욕을 하
면 안 될까?

① 감기에 걸릴 수 있어서
② 물이 주사 바늘에 들어갈까봐

104쪽 정답 **1** 천천히 **2** 변비 **3** 당분 **4** 줄넘기 **5** 단백질 **6** 혈액형 **7** 소 **8** 무좀

⑤

왜 먹던 우유는 쉽게 상할까?

① 침 속의 효소 때문에
② 이의 충치균 때문에

⑥

왜 성인병이 어린이에게도 걸릴까?

① 날이 더워져서
② 비만이 많아져서

⑦

왜 외출 후에는 손을 씻어야 할까?

① 손이 푸석푸석해져서
② 손에 세균이 있을 수 있어서

⑧

왜 잠을 잘 자지 않으면 키가 크지 않을까?

① 잠을 잘 때 성장 호르몬이 나와서
② 뼈의 영양소가 빠져나가서

5대 영양소

무슨 소리야. 난 밭에서 나는 고기라고 불릴만큼 영양소가 많다고.

난 콩자반 별루야.

식품위생

2009.12.01까지 6음식품

이 곳 날짜를 확인하세요.

엄마가 날짜를 꼭 보라고 했는데.

1 엄마가 멸치볶음을 만들어 주셨어. 멸치를 먹으면 몸에 어떻게 좋을까?

① 피부가 하얘져.

② 뼈가 튼튼해져.

③ 눈이 좋아져.

2 이 식물을 '밭에서 나는 고기' 라고 해. 우리 몸의 피와 살을 만드는 영양소가 들어 있는 이 식물은 무엇일까?

① 당근 　　　 ② 콩

③ 쌀

3 비타민 C가 부족한 사람은 잇몸에서 피가 나. 뭘 먹으면 좋을까?

① 굴과 소고기

② 오이와 두부

③ 고추와 포도

4 맛과 색을 좋게 하려고 화학 물질을 넣는 음식이 있어. 우리 몸엔 좋을까, 나쁠까?

① 예쁘니까 몸에도 좋아.

② 예쁘지만 몸에는 나빠.

5 햄은 몸에는 나쁜 인공 조미료를 넣어서 만들어. 햄을 어떻게 먹는 게 좋을까?

① 기름에 튀겨 먹어.

② 끓는 물에 데쳐 먹어.

③ 잘게 썰어 먹어.

6 가게에서 두부를 사려고 해. 무엇을 가장 먼저 봐야 할까?

① 모양이 예쁜지 봐.

② 만든 날짜를 봐.

③ 가격이 싼지 확인해.

봄과 여름의 건강

도시가 황사때문에 온통 뿌옇군.

이런 날엔 황사마스크 꼭 착용하고 외출!!

가을과 겨울의 건강

겨울이라고 방안에만 있으면 안돼.

추운데 왜 눈사람이야. 들어가자.

7 봄에 황사 바람이 불면 마스크를 써. 왜 그럴까?

① 바람이 너무 차가워서
② 바람 속에 몸에 해로운 물질이 들어 있어서

8 봄에는 기운이 없고 자꾸 졸려. 어떻게 해야 기운이 날까?

① 시간이 날 때마다 잠을 자.
② 맨손체조를 해.
③ 평소보다 밥을 많이 먹어.

9 더운 여름에는 배탈이 잘 나. 왜 그럴까?

① 찬 음식을 많이 먹어서
② 밥을 더 많이 먹어서
③ 땀을 많이 흘려서

10 여름이 끝나고 가을이 될 쯤에는 감기에 잘 걸려. 왜 그럴까?

① 몸을 잘 움직이지 않아서
② 세균이 많아져서
③ 낮과 밤의 기온 차가 커서

11 가을 소풍에 가서 풀밭에 함부로 누우면 안 돼. 왜 그럴까?

① 풀벌레를 죽일 수 있어서
② 들쥐 똥이 병을 옮길 수 있어서
③ 풀에 먼지가 너무 많아서

12 겨울에는 추워서 집 안에 자주 있게 돼. 집 안에선 어떻게 건강을 지킬까?

① 방 안의 온도를 높여.
② 창문을 가급적 열지 않아.
③ 물을 자주 마셔.

정답과 해설은 뒤쪽에 있어.

집중탐구 퀴즈 정답 & 해설

5대 영양소

식품위생

정답 1.② 2.② 3.③

우리 몸에 가장 필요한 5가지 영양소를 5대 영양소라고 해요.

쌀같은 곡류에 많은 탄수화물과 참기름, 호두 등에 든 지방은 몸에 힘을 내는 데 쓰여요. 고기, 콩에 많은 단백질은 피와 살을 만들고요. 뼈를 만드는 칼슘, 인 등을 무기질이라고 해요.

그 외에 생리 작용에 꼭 필요한 비타민이 든 과일과 채소도 먹어야 해요. 비타민 C가 모자라면 잇몸이 붓고 피가 나는 괴혈병에 걸릴 수도 있어요.

정답 4.② 5.② 6.②

우리는 포장된 음식을 많이 먹어요. 이 중 라면, 햄, 소시지에는 인공 조미료와 인공 색소 같은 해로운 물질이 들어 있어요. 이런 물질은 몸을 약하게 만들고 암을 유발할 수도 있어요. 그래도 먹고 싶을 때는 끓는 물에 먼저 데쳐서 해로운 물질을 빼고 먹는 게 좋아요.

그리고 포장된 음식을 고를 때는 어떤 재료로 만들었는지 있는지, 언제 만들어졌는지 날짜를 반드시 확인해야 해요.

봄과 여름의 건강

가을과 겨울의 건강

정답 7.② 8.② 9.①

봄에는 중금속 물질이 든 황사 바람이 중국에서 불어와요. 그래서 외출할 때는 마스크를 쓰고 긴 소매 옷을 입는 게 좋아요. 집 안 창문은 잘 닫고요.

봄에는 졸리고 입맛이 없는 춘곤증에 시달리기도 해요. 이럴땐 맨손 체조를 하고 신선한 나물로 비타민을 보충하는 게 좋아요.

여름엔 배탈이 나기 쉬우니까 미지근한 물로 샤워하고, 찬 음식을 조심하고, 배에는 얇은 이불을 덮고 자는 게 좋아요.

정답 10.③ 11.② 12.③

계절이 바뀔 무렵에는 낮과 밤의 기온 차가 커서 감기같은 질병에 걸리기 쉬워요. 특히 가을엔 들쥐가 옮기는 유행성 출혈열을 조심해야 해요. 야외에서 풀밭에 눕지 않고, 집에 돌아와선 손발을 깨끗이 씻어야 해요.

겨울에는 건조한 실내에서 주로 생활하기 때문에 몸이 약해질 수 있어요. 그래서 자주 환기를 하고 간단한 운동을 하는 게 좋아요. 그리고 물을 자주 마셔서 몸의 수분을 보충하고요.

집중탐구 퀴즈

문제를 잘 읽고 맞는 것을 골라봐. 쉽지 않을걸!

눈 건강

컴퓨터는 너무 재미있어.

그러다 눈 나빠지겠다. 이젠 그만~

코와 귀 건강

일어나~ 자꾸 책상에서 엎드려서 자면 어떡하니?

그러니까 자꾸 코가 막혀서 코골 이가 심하잖아.

13 눈에 먼지가 들어갔어. 어떻게 해야 할까?

① 나올 때까지 눈을 비벼.
② 손톱으로 집어내.
③ 깨끗한 물로 씻어 내.

14 몸은 상처가 나면 저절로 새살이 돋아. 눈도 나빠지면 저절로 좋아질까?

① 그럼, 저절로 좋아져.
② 아니, 좋아지지 않아.

15 컴퓨터 모니터를 오래 보면 눈이 나빠져. 그럼 컴퓨터 모니터는 어떻게 보는 게 좋을까?

① 50분 보고 10분씩 쉬어.
② 되도록 가까이서 봐.
③ 어두운 곳에서 봐.

16 날씨가 아주 추울 땐 코피가 나기도 해. 왜 코피가 날까?

① 코 안에 피가 잘 돌아서
② 코 안의 실핏줄이 터져서
③ 코 안의 실핏줄이 막혀서

17 책상에 자꾸 엎드려 자면 좋지 않아. 왜 그럴까?

① 코뼈가 가늘어져서.
② 콧물이 자꾸 나서.
③ 코가 잘 막혀서.

18 귓속에서 귀지가 부스럭거려. 파내야 할까?

① 그럼, 바로바로 깨끗이 파내.
② 아니, 파지 말고 그냥 둬.

이 건강

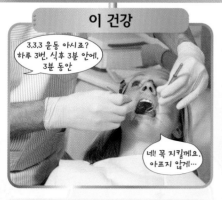

3,3,3 운동 아시죠? 하루 3번, 식후 3분 안에, 3분 동안

네! 꼭 지킬게요. 아프지 않게…

피부 건강

이제 그만 들어가자! 자외선이 너무 강한거 같아.

걱정마! 자외선 차단제 듬뿍 발랐으니까.

19 충치가 생기면 이가 아파. 충치는 왜 생길까?

① 입 속 세균이 똥을 싸서
② 딱딱한 음식을 많이 씹어서
③ 이가 닳아서

20 다음 중 이를 가장 바르게 닦는 사람은 누구일까?

① 토라는 자기 전에만 닦아.
② 큐큐는 밥 먹고 바로 닦아.
③ 찡은 오래오래 닦아.

21 어른들은 턱을 괴지 말라고 하셔. 턱을 괴는 게 왜 나쁠까?

① 이가 잘 썩어서
② 이 모양이 들쭉날쭉해져서
③ 잇몸에 염증이 생겨서

22 때를 너무 빡빡 미는 건 피부에 안 좋아. 왜 그럴까?

① 피가 잘 안 통하니까
② 털이 다 빠지니까
③ 피부에 상처가 나니까

23 햇빛을 오랫동안 쬐면 이것이 피부를 해쳐. 이것은 뭘까?

① 세균
② 자외선
③ 적외선

24 햇빛이 쨍쨍 내리쬐는 밖에 나가려고 해. 다음 중 피부를 보호하는 방법은 뭘까?

① 오후 1시쯤에 외출해.
② 자외선 차단제를 발라.
③ 소매 없는 옷을 입어.

정답과 해설은 뒤쪽에 있어.

집중탐구 퀴즈 정답 & 해설

눈 건강

정답 **13.** ③ **14.** ② **15.** ①

눈 건강을 지키려면 눈을 함부로 만지거나 비비면 안 돼요. 그리고 시력이 나빠지지 않도록 조심해야 해요. 눈은 한 번 나빠지면 다시 좋아지기 힘드니까요.

책을 볼 때는 30~40센티미터 떨어진 곳에서 보고, 방과 책상 위의 불을 다 켜는 게 좋아요. TV는 방의 불을 켠 채 되도록 멀리서 보고, 컴퓨터를 할 때는 50분마다 10분씩 먼 곳을 바라보거나 눈을 감고 쉬는 것이 좋아요.

코와 귀 건강

정답 **16.** ② **17.** ③ **18.** ②

코 안에는 실핏줄이 많아요. 어딘가에 부딪히거나 심하게 후볐을 때, 또 너무 춥거나 더울 때도 코 안의 실핏줄이 터져서 코피가 날 수 있어요.

자주 고개를 숙이거나 엎드려서 자면 피가 얼굴 앞쪽에 쏠려서 잘 돌지 못해요. 그러면 콧속의 끈끈한 막이 부어서 코가 막힐 수 있어요.

이어폰을 끼고 음악을 크게 들으면 귀가 상할 수도 있어요. 귀지는 저절로 나오니까 파지 않는 게 좋아요.

이 건강

피부 건강

정답 19.① 20.② 21.②

입 안에도 세균이 살아요. 우리가 음식을 먹으면 이 표면의 세균이 음식 속의 당분을 먹고 시큼한 똥을 싸요. 이 똥이 이를 썩게 해요.

충치를 예방하려면 밥 먹은 후와 잠들기 전에 반드시 이를 닦아야 해요. 이는 하루 3번, 음식을 먹은 후 3분 만에, 3분 동안 닦는 것이 좋아요. 설탕이 많이 든 간식은 줄이고요. 그리고 고른 이를 가지기 위해선 손가락을 빨거나 턱을 괴는 습관은 버리는 게 좋아요.

정답 22.③ 23.② 24.②

피부를 건강하게 지키려면 주의할 게 많아요. 너무 오래 목욕을 하면 피부가 건조해져요. 또 때를 너무 심하게 밀면 피부가 빨개져요. 이는 피부를 보호해주는 진피층에 상처가 난 거예요.

그리고 자외선이 강한 오전 10시부터 오후 2시사이에는 외출을 삼가는 게 좋아요. 피부가 빨리 늙고 심하면 피부암이 생길 수도 있거든요. 외출을 할 땐 자외선을 막아주는 자외선 차단제를 바르고 모자를 쓰는 게 좋아요.

112-113쪽 정답이야.

집중탐구 퀴즈

문제를 잘 읽고 맞는 것을 골라봐. 쉽지 않을걸!

스트레스

내 시험인데 생각만해도 스트레스야.

정신 건강

도레미파솔~만 치고 뭐가 사라졌다고?

빵점 받은 시험지 생각이 싹 사라졌네!

25 요즘은 어린이들도 스트레스를 많이 받아. 스트레스는 뭘까?

① 몸과 마음이 긴장하는 상태
② 많이 먹어서 배가 부른 상태
③ 남을 미워하는 상태

26 스트레스가 심하면 병에 걸릴 수도 있어. 어떤 병에 걸릴까? (답은 2개)

① 머리가 빠지는 탈모증
② 잠을 못 자는 불면증
③ 발가락이 간지러운 무좀

27 다음 중 스트레스를 이기는 방법은 어느 것일까?

① 열심히 공부만 해.
② 되도록 말을 하지 않아.
③ 운동을 하고 잠도 충분히 자.

28 몸처럼 마음도 건강해야 해. 다음 중 마음이 건강한 사람은 누구일까?

① 철수는 밤에 잠을 못 자.
② 영이는 친구들과 잘 지내.
③ 명호는 항상 얼굴을 찡그려.

29 몸처럼 마음도 건강하게 가꿀 수 있어. 다음 중 마음이 건강해지는 방법은 무엇일까?

① 독서, 운동 등 취미를 가져.
② 공부만 해.   ③ 잠을 적게 자.

30 취미 활동은 어떤 것으로 고르는 게 좋을까?

① 부모님이 좋아하는 것으로
② 남들이 칭찬해 주는 것으로
③ 내가 하고 싶은 것으로

약

꼭 밥 먹은 후에 드세요.

빨리 치질 나으세요.

응급처치

걱정마! 응급처치했으니 괜찮을거야.

예쁜 다리에 흉터가 남으면 어떡해요.

31 감기약을 하루에 3번 먹어야 하는데 5번 먹었어. 그럼 더 빨리 나을까?

① 그럼, 더 빨리 나을 수 있어.
② 아니, 다른 병이 생길 수 있어.

32 감기에 걸렸는데 설사약을 먹었어. 어떻게 될까?

① 배가 아파.
② 변비가 생겨.
③ 아무렇지도 않아.

33 약은 병이 나으라고 먹지만, 먹을 때 꼭 지켜야 할 게 있어. 다음 중 무엇을 지켜야 할까?

① 알약은 우유와 함께 먹어.
② 가루약은 물에 타서 먹어.
③ 정해진 양만큼만 먹어.

34 칼에 손을 베어서 피가 많이 나면 어떻게 해야할까?

① 손을 뜨거운 물에 담가.
② 붕대를 대고 세게 눌러.
③ 손을 심장보다 낮게 해.

35 동생이 뜨거운 주전자에 손을 살짝 데었어. 다음 중 어떻게 해야 할까?

① 더운 물로 씻어 내.
② 찬 물로 식혀.
③ 붕대로 싸 매.

36 길을 가다 사고로 다친 사람을 봤어. 어떻게 도울까?

① 우리 집으로 데려가.
② 119에 구조를 요청해.
③ 어른이 올 때까지 기다려.

정답과 해설은 뒤쪽에 있어.

집중탐구 퀴즈 정답 & 해설

스트레스

정신 건강

정답 **25.**① **26.**①, ② **27.**③

우리는 생활하면서 기분이 좋을 때도 있지만 기분이 나쁠 때도 있어요. 이런 일들이 늘어나면서 몸과 마음이 지치고 긴장한 상태를 스트레스라고 불러요.

스트레스가 심하면 머리가 빠지거나 배가 아프고 잠을 못 자기도 해요. 심하면 암 같은 큰 병에 걸릴 수도 있어요. 스트레스를 이기려면 부모님, 선생님 등 가까운 어른들과 의논하고 적당히 운동도 하면서 충분히 쉬는 게 좋아요.

정답 **28.**② **29.**① **30.**③

건강한 사람이 되려면 몸뿐 아니라 마음도 건강하게 지켜야 해요. 그러려면 친구들과 사이좋게 지내고 긍정적인 마음으로 밝게 웃으며 지내는 게 좋아요.

취미를 갖는 것도 마음이 건강해지는 데 도움이 돼요. 공부와 학교 생활에서 생기는 긴장과 피로를 풀어 주니까요.

취미는 멋있어 보이거나 남들에게 잘 보이려는 것 보다는 자신이 좋아하는 걸 선택하는 것이 좋아요.

약

응급처치

정답 **31.** ② **32.** ① **33.** ③

약은 병을 낫게 해 주거나 더 심해 지지 않게 해요. 하지만 정해진 양과 횟수에 맞지 않게 약을 먹으면 더 큰 탈이 날 수 있어요. 또 엉뚱한 약을 먹으면 열이 나거나 두드러기가 날 수도 있고, 설사를 하기도 해요. 심하면 생명이 위험할 수도 있으니 잘 살펴 보고 먹어야 해요.

그러니 약을 먹을 때는 반드시 병원이나 약국에서 정해 준 대로 따라서 먹어야 해요.

정답 **34.** ② **35.** ② **36.** ②

심하게 다치거나 갑자기 아플 때 병원에 가기 전에 급히 간단하게 하는 치료를 응급 처치라고 해요.

다쳐서 피가 많이 날 때는 깨끗한 붕대를 댄 채 세게 누르고 다친 곳을 심장보다 높게 해야 피가 덜 나요. 살짝 데었을 때는 찬물로 식히고, 심할 때는 거즈로 덮어 병원에 가요.

사고로 다친 사람을 보면 119에 신고하거나, 어른에게 도움을 청하는 게 좋아요.

116~117쪽 정답이야.

병원

귀를 너무 심하게 파서 염증이 생겼구나.

병원 진찰

심장이 쿵쾅쿵쾅! 병이 다 나은 것 같구나.

37 다음 중 한의원, 약국, 병원이 하는 일을 바르게 말한 것은 어느 것일까?

① 병원에서 주사를 놔.
② 한의원에서 수술을 해.
③ 약국에서 침을 놔.

38 이가 아프면 치과에 가. 귀가 아프면 어디로 갈까?

① 정형외과
② 내과
③ 이비인후과

39 보건소에서는 병원처럼 치료도 하지만 다른 일도 해. 무슨 일을 할까?

① 동네를 소독해.
② 수술을 해.
③ 노래를 가르쳐.

40 청진기로는 심장이 뛰는 소리를 들어. 혈압계로는 무슨 일을 할까?

① 체중을 재.
② 혈압을 재.
③ 체온을 재.

41 옛날에는 청진기가 없었어. 그럼 어떻게 환자를 진찰했을까?

① 가슴을 두들겨서 소리를 들었어.
② 나팔을 대고 소리를 들었어.
③ 가슴을 문질러서.

42 의사 선생님이 가슴에 청진기를 댔어. 어떻게 해야 할까?

① 숨을 천천히 크게 쉬어.
② 숨을 멈춰.
③ 크게 소리를 질러.

병원 검사

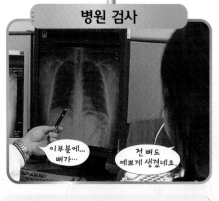

이 부분에... 뼈가...

전 뼈도 예쁘게 생겼네요.

수술

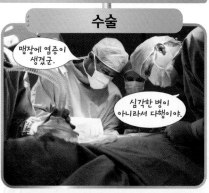

맹장에 염증이 생겼군.

심각한 병이 아니라서 다행이야.

43 빈혈은 자꾸 어지러운 병이야. 빈혈이 나서 병원에 가면 다음 중 어느 검사를 받게 될까?

① 시력 검사　② 소변 검사

③ 피 검사

44 병원에서 소변 검사를 하기도 해. 소변 검사로 무엇을 알 수 있을까?

① 이에 있는 충치

② 오줌 속의 당분

③ 배 속의 상처

45 엑스레이는 우리 몸의 뼈를 보여 줘. 엑스레이를 찍을 때는 무엇을 지켜야 할까?

① 쇠 단추가 달린 옷은 벗어.

② 두꺼운 옷을 많이 입어.

③ 몸을 깨끗이 씻어.

46 오른쪽 아랫배에 맹장이 있어. 맹장에 염증이 생기면 어떻게 할까?

① 물을 많이 마셔.

② 수술을 해서 잘라 내.

③ 그냥 둬.

47 남자들은 포경 수술을 하기도 해. 왜 할까?

① 나쁜 세균을 막으려고

② 암을 예방하려고

③ 오줌이 잘 나오게 하려고

48 수술을 하다 피가 부족하면 다른 사람의 피를 받기도 해. 피를 받을 때 중요한 것은 뭘까?

① 몸이 깨끗해야 해.

② 가족이어야 해.

③ 혈액형이 맞아야 해.

정답과 해설은 뒤쪽에 있어.

집중탐구 퀴즈 정답 & 해설

병원

정답 37. ① 38. ③ 39. ①

우리는 몸이 아프면 치료를 받아요. 병원에서는 약을 처방해 주고 주사를 놓고 수술도 해요. 한의원에서는 진맥을 하고 침을 놓고요. 예방 주사를 놓는 보건소에서는 환자를 방문해 치료하기도 하고, 동네의 더러운 곳을 소독하기도 해요.

아프다고 아무 병원이나 가면 안돼요. 뼈를 다치면 정형외과, 이가 아프면 치과, 귀, 코, 목구멍이 아프면 이비인후과에 가요. 또 아기를 갖은 엄마는 산부인과에 아기들은 소아과에 가요.

병원 진찰

정답 40. ② 41. ① 42. ①

진찰을 받을 때 여러 가지 기구를 볼 수 있어요. 체온계는 몸의 열을 재는 기구이고, 혈압계는 혈압을 재는 기구예요. 청진기로는 심장 박동 소리와 폐의 호흡 소리, 장이 움직이는 소리까지 들을 수 있어요. 청진기는 1816년 프랑스의 의학자 르네 라에네크가 발명했어요. 그 전에는 의사가 환자의 가슴을 두들겨 소리를 듣고 진찰했어요.

진찰을 할 때는 의사 선생님의 지시를 따르고, 아픈 곳을 자세히 설명하는 게 좋아요.

병원 검사

수술

정답 43.③ 44.② 45.①

병원에 가면 어디가 아픈지 정확히 알기 위해 여러 가지 검사를 해요. 소변 검사로 당뇨병이나 암에 걸렸는지를 알 수 있고, 피 검사로는 빈혈이나 백혈병에 걸렸는지 알 수 있어요. 내시경을 몸 안에 넣어 위에 이상이 있는지를 검사하고요.

검사를 할 때는 지켜야 할 사항들이 있는데, 특히 엑스레이를 찍을 때는 엑스레이를 반사시키는 목걸이나 금속 단추가 달린 옷을 벗어야 정확한 검사를 받을 수 있어요.

정답 46.② 47.① 48.③

우리는 건강을 지키기 위해 수술을 하기도 해요.

오른쪽 아랫배에 있는 맹장에 염증이 생기면 수술을 해서 잘라내요. 우리 몸은 맹장이 없어도 아무 이상이 없어요.

포경 수술은 나쁜 세균을 막으려고 남자들이 하는데, 꼭 해야 하는 건 아니에요.

수술을 하다 다른 사람의 피를 받기도 해요. 이 때는 주는 사람과 받는 사람의 혈액형을 잘 확인해야 해요.

120-121쪽 정답이야.

속담 퀴즈 ▶ 열쇠를 찾아봐. 속담이 보일 거야.

입에 쓴 ■은 몸에도 좋다.

➡ 자신에게 이로운 말이나 충고는 듣기 싫다.

급히 먹은 밥에 ■이 멘다.

➡ 일을 너무 서두르면 실패한다.

앓던 ■가 빠진 것 같다.

➡ 괴롭히던 것이 없어져 시원하다.

아는 것이 ■이다.

➡ 아는 것이 오히려 불리해 질 때 가 있다.

제 눈에 ■■

➡ 남은 어떻게 보든, 자기 마음에 들 면 좋다.

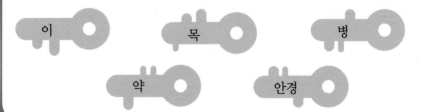

이   목   병

약   안경

124

또또 퀴즈

정답 1기쪽

다음 중 나머지와다른 그림하나는 어느 것일까?

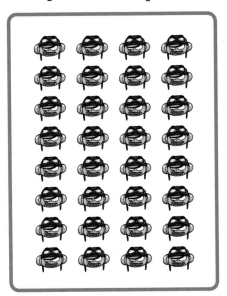

과연~
만만치 않을걸?

79쪽 정답 ⑤

또또퀴즈~ 정말 재미있다. 어디 어디 숨었을까?

감기

난 호흡기가
너무 약하다니깐!

손이나 자주
씻으세!

식중독

반짝반짝!
뽀드득 뽀드득

깨끗이 씻고, 소독했더니
너무 개운하다.

49 겨울에는 감기에 특히 잘 걸려. 왜 그럴까? (답은 2개)

① 날씨가 추워서
② 공기가 건조해서
③ 몸의 저항력이 약해져서

50 감기에 걸리면 콜록콜록 기침이 나. 왜 그럴까?

① 열이 많이 나서
② 침이 목을 아프게 해서
③ 목과 폐의 점막이 약해져서

51 감기는 예방이 중요해. 감기에 걸리지 않으려면 어떻게 해야 할까?

① 외출 후엔 손을 깨끗이 씻어.
② 옷을 두껍게 껴입어.
③ 머리는 낮에 감아.

52 상한 음식을 먹으면 배탈이 나. 왜 그럴까?

① 위를 차갑게 해서
② 음식에 나쁜 세균이 생겨서
③ 음식에 영양소가 없어져서

53 뜨거운 밥을 찬 밥과 같이 담으면 안 돼. 왜 안 될까?

① 밥이 딱딱해지니까
② 밥맛이 없어지니까
③ 밥이 상하니까

54 주변이 깨끗하지 않아도 배탈이 날 수 있어. 다음 중 주변을 깨끗이 하는 방법은 뭘까?

① 고기 자른 칼로 과일을 잘라.
② 행주는 항상 깨끗이 삶아.
③ 그릇은 물로만 헹구어 내.

소화

일 주일이 지나도 소식없으신분들~

과자 끊고 우리만 먹어보소.

비만

오늘 간식으로 치킨 먹을까?

엄마! 저 아저씨 운동 좀 하셔야겠어요.

55 소화가 안 되면 배가 더부룩해. 다음 중 어떻게 해야 소화가 잘 될까?

① 밥을 먹으면 바로 뛰어.
② 소화제를 자주 먹어.
③ 밥을 정해진 시간에 먹어.

56 똥을 잘 누지 못해 생기는 병이 변비야. 다음 중 변비일 때 무엇을 많이 먹어야 할까?

① 다시마   ② 튀김
③ 불고기

57 똥구멍에 생기는 병을 치질이라고 해. 다음 중 어떤 사람이 치질에 잘 걸릴까? (답은 2개)

① 잘 뛰어다니는 어린이
② 쪼그려 앉는 포수
③ 변비 환자

58 요즘엔 비만인 어린이가 많아. 비만은 무엇일까?

① 몸무게가 많이 나가는 것
② 몸에 지방이 많은 것
③ 보기에 안 좋게 살찐 것

59 비만이 되면 병에 걸리기 쉬워. 어떤 병에 잘 걸릴까?

① 기침이 나는 천식
② 혈관이 좁아지는 동맥경화
③ 뼈에 구멍이 나는 골다공증

60 생활 습관이 나쁘면 비만이 되기 쉬워. 다음 중 비만을 예방하는 생활 습관은 뭘까?

① 음식은 TV를 보면서 먹어.
② 채소와 과일을 많이 먹어.
③ 가급적 오래 앉아 있어.

정답과 해설은 뒤쪽에 있어.

집중탐구 퀴즈 정답 & 해설

감기

정답 49. ②, ③ 50. ③ 51. ①

감기는 주로 바이러스에 의해 걸려요. 겨울에 감기에 잘 걸리는 것은 난방을 하면서 공기가 건조해지고 몸도 약해져서 바이러스의 공격을 잘 막아내지 못하기 때문이에요.

감기에 걸리면 호흡기의 끈끈한 점막이 예민해져서 작은 자극에도 기침을 하게 돼요.

감기를 예방하려면 외출 후에는 손발을 씻고, 양치질을 잘 해야 해요. 또 겨울에 춥다고 방에만 있는 건 좋지 않아요.

식중독

정답 52. ② 53. ③ 54. ②

상한 음식을 먹으면 음식 속의 세균 때문에 식중독에 걸릴 수 있어요. 식중독에 걸리지 않으려면 음식과 음식을 만드는 주변 환경을 깨끗이 유지 해요.

남겼던 음식을 다시 먹을 때는 끓여 먹고, 뜨거운 음식과 식은 음식은 따로 보관해요. 먹던 우유는 침 속의 효소 때문에 쉽게 상하니까 다시 먹지 말고요. 또 요리를 할 때는 손을 깨끗이 씻고, 음식을 만드는 도구들은 자주 소독을 해요.

소화

비만

정답 55.③ 56.① 57.②, ③

소화가 잘 되려면 위가 운동을 잘해야 해요. 그런데 밥을 제때 먹지 않으면 위가 게을러져서 운동을 잘 못해요. 정해진 시간에 먹어야 위가 규칙적으로 운동을 하고 그래야 소화가 잘 돼요.

장운동을 잘 해야 똥이 잘 나가는데, 잘 나가지 못하면 변비가 생겨요. 또 변이 안 나온다고 너무 힘을 주면 똥구멍에서 피가 나거나 치질이 생길 수 있어요.

정답 58.② 59.② 60.②

몸에 지방이 기준치보다 많은 것을 비만이라고 해요. 요즘은 기름기가 많은 음식을 먹고 잘 움직이지 않아서 비만인 어린이가 많아지고 있어요. 비만이 되면 몸 안에 지방이 쌓이면서 혈관이 좁아지는 동맥경화나 혈관에 염증이 생기는 고지혈증 같은 여러 가지 병에 걸리기 쉬워요.

비만이 되지 않으려면 규칙적인 운동과 채소와 과일을 많이 먹는 게 좋아요. 또 음식을 적당히 먹고, 많이 움직이고요.

126-127쪽 정답이야.

집중탐구 퀴즈

문제를 잘 읽고 맞는 것을 골라봐. 쉽지 않을걸!

성인병

혈압이 조금 높으신 거 같네요

앗! 제가 짠음식을 좋아해서…

암

감사합니다.

다행히 암이 치료됐어.

---

61 성인병은 나이 많은 어른들과 노인들이 많이 걸려. 성인병에 걸리는 가장 큰 이유는 무엇일까? (답은 2개)

① 지나친 운동 ② 비만
③ 스트레스

62 성인병에 걸리지 않으려면 다음 중 어떻게 하는 게 좋을까?

① 아침은 되도록 먹지 않아.
② 음식을 싱겁게 먹어.
③ 영양 많은 고기를 많이 먹어.

63 어린이는 성인병에 걸리지 않을까?

① 그럼, 어린이는 걸리지 않아.
② 아니, 어린이도 걸려.

64 사람을 죽게 하는 병 중에 하나가 바로 암이야. 암은 무슨 병일까?

① 암세포가 퍼지며 주위의 조직을 파괴하는 병이야.
② 몸에 피가 모자란 병이야.

65 다음 중 암의 원인이 될 수 있는 것은 무엇일까?

① 수혈 받는 것
② 밥을 조금 먹는 것
③ 담배를 피우는 것

66 바른 식습관으로 암을 예방할 수 있어. 다음 중 어떻게 먹어야 할까?

① 양념을 짜게 해서 먹어.
② 매운 음식을 많이 먹어.
③ 된장과 마늘을 많이 먹어.

전염병

안 맞으면 안돼요?

전염병에 걸리지 않으려면 맞아야 해.

최신 유행병

저희에게 고기 사료 주지 마세요.

그러면 뇌에 쑹쑹구멍이 생긴다구요.

67 전염병은 많은 사람이 한꺼번에 걸려. 전염병은 무엇일까?

① 쉽게 옮겨지는 병
② 걸리면 무조건 죽는 병
③ 약을 먹어도 안 낫는 병

68 배가 아프고 피 섞인 설사를 하는 이질은 전염병의 하나야. 다음 중 전염병은 무엇일까?

① 배탈　　　　② 감기
③ 두통

69 옛날엔 전염병으로 많은 사람이 죽었지만 지금은 그런 일이 드물어. 왜 그럴까? (답은 2개)

① 예방 접종을 해서
② 몸과 주변을 깨끗이 해서
③ 공기가 더 좋아져서

70 조류 독감은 닭이나 오리가 걸리는 병이야. 사람도 걸릴까?

① 그럼, 사람도 걸릴 수 있어.
② 아니, 새들만 걸려.

71 사스가 돌고 있는 나라를 여행하고 돌아왔어. 공항에서 무엇을 하게 될까?

① 사스에 걸렸는지 검사해.
② 사스 예방약을 먹어.
③ 사스 예방 접종을 해.

72 이 병에 걸린 소는 뇌에 구멍이 생겨. 무슨 병일까?

① 우두
② 광견병
③ 광우병

정답과 해설은 뒤쪽에 있어.

Round 3 건강과 질병 · 131

집중탐구 퀴즈 정답 & 해설

성인병

암

정답 61. ②, ③ 62. ② 63. ②

성인병은 마흔 살이 넘은 어른들과 노인들이 많이 걸리는 병으로, 당뇨, 고혈압 등이 있어요. 몸이 비만이거나 스트레스를 많이 받으면 성인병에 걸리기 쉬워요.

성인병에 걸리지 않으려면 인스턴트 음식이나 고기보다는 채소나 콩류의 음식을 먹고, 싱겁게 먹는 게 좋아요.

요즘에는 비만인 어린이가 늘면서 성인병에 걸리는 어린이도 늘고 있어요.

정답 64. ① 65. ③ 66. ③

암은 여러 요인이 몸 안의 정상 세포를 암세포로 바꾸면, 이 암세포가 퍼지면서 주위 조직을 파괴하는 병이에요.

암은 부모님에게 물려받은 요인 때문에 걸리기도 하지만, 가장 큰 요인은 나쁜 식습관과 담배, 스트레스예요. 특히 암을 예방하는 데는 좋은 식습관이 중요해요. 음식을 짜게 먹지 않고, 현미밥, 김치, 된장, 마늘 등을 많이 먹는 게 좋아요.

전염병

걸리는 속도가 빠르고 또 여러 사람에게 옮기는 병을 전염병이라고 해요. 장티푸스, 콜레라 같은 전염병도 있지만 우리가 쉽게 걸리는 감기나 눈병도 전염병의 하나예요.

옛날에는 이런 전염병에 걸려서 죽는 사람이 많았어요. 하지만 지금은 주변 환경도 깨끗해지고, 무엇보다 예방 백신이 만들어져서 전염병에 걸리는 사람, 죽는 사람도 점차 줄어들고 있어요.

최신 유행병

병을 일으키는 바이러스는 계속 새로운 성질로 바뀌면서 새로운 병이 생기고 있어요.

조류 독감은 원래 닭이나 오리가 걸리는 병인데, 사람에게도 전염되기 시작했어요. 사스 역시 바이러스가 변해서 생긴 전염병이에요.

광우병은 풀을 먹어야 하는 소가 고기 사료를 먹어서 걸렸어요. 이 병은 사람에게도 전염돼요. 안타깝게도 광우병은 아직까지 고칠 수 없어요.

집중탐구 퀴즈

문제를 잘 읽고 맞는 것을 골라봐. 쉽지 않을걸!

세균

세균 방지 끝~

해충

쪽쪽! 아~ 맛있다. 니가 땀 흘리고 잘 안 씻으니까 그렇지.

왜 나만 자꾸 모기가 무는 거야?

73 우리가 걸리는 대부분의 병은 나쁜 세균 때문에 생겨. 세균은 뭘까?

① 아주 작은 미생물
② 먼지
③ 작은 곤충

74 나쁜 세균이 몸에 못 들어오게 하려면 다음 중 어떻게 해야 할까?

① 손을 깨끗이 씻어.
② 고기를 많이 먹어.
③ 옷을 많이 껴입어.

75 배 속에 사는 유산균은 좋은 세균이야. 다음 중 유산균이 하는 일은 뭘까?

① 머리카락이 많이 나게 해.
② 변비가 안 생기게 해.
③ 눈이 좋아지게 해.

76 몸 속 양분을 빼앗는 기생충이 살지 않게 하려면 어떻게 해야 할까? (답은 2개)

① 기생충 약을 먹어.
② 채소를 잘 씻어 먹어.
③ 고기를 살짝 익혀서 먹어.

77 파리는 나쁜 균을 옮겨 병이 나게 해. 어떻게 균을 옮길까?

① 날아다니며 나쁜 균을 털어.
② 음식에 앉아 나쁜 균을 털어.
③ 물어서 나쁜 균을 묻혀.

78 모기는 사람의 피를 빨아 먹기도 하고 병을 옮기기도 해. 누가 모기에 잘 물릴까?

① 땀을 많이 흘리는 사람
② 잘 씻는 사람
③ 털이 많은 사람

눈병과 무좀

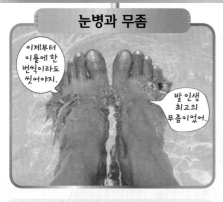

이제부터 이틀에 한 번씩이라도 씻어야지.

발 인생 최고의 무좀이었어.

상처

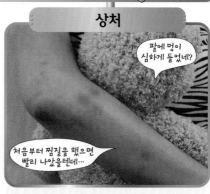

팔에 멍이 심하게 들었네?

처음부터 찜질을 했으면 빨리 나았을텐데…

79 봄에는 눈병에 더 잘 걸려. 왜 그럴까?

① 꽃가루가 날려서
② 꽃샘추위 때문에
③ 꽃향기가 진해서

80 눈이 빨갛게 되는 이 눈병은 미국에서 우주선 아폴로 11호가 발사되던 해에 처음 유행했어. 이 눈병의 이름은 뭘까?

① 아폴로 눈병　　② 우주선 눈병

81 무좀은 발이 가렵고 짓무르는 병이야! 무좀은 왜 생길까?

① 발에 곰팡이가 생겨서
② 발가락이 길어서
③ 발바닥이 두꺼워져서

82 넘어져서 무릎에 퍼렇게 멍이 들었어. 어떻게 해야 할까?

① 찜질을 해.
② 피를 뽑아 내.
③ 붕대로 감아.

83 머리를 부딪쳐서 볼록한 혹이 생겼어. 혹은 뭘까?

① 머리뼈 위에 피가 고인 거야.
② 머리에 땀이 뭉친 거야.
③ 머리에 살이 찐 거야.

84 상처가 아물면서 딱지가 생겨. 딱지가 생기면 어떻게 할까?

① 잡아떼어 버려.
② 붕대로 꼭 감아.
③ 떨어질 때까지 손대지 않아.

정답과 해설은 뒤쪽에 있어.

Round 3 건강과 질병 · 135

세균

해충

정답 73. ① 74. ① 75. ②

작은 미생물인 세균엔 나쁜 세균과 좋은 세균이 있어요. 대부분의 세균이 나쁜 세균으로, 우리 몸에 들어오면 병을 일으켜요.

세균이 목 속으로 들어오지 않게 하려면 밖에 나갔다 들어와서, 그리고 밥을 먹기 전에 깨끗이 손을 씻어야 해요.

하지만 세균이 다 나쁜 건 아니에요. 비피더스균이나 유산균 등은 장을 건강하게 해주는 유익한 세균이에요.

정답 76. ①, ② 77. ② 78. ①

기생충은 우리 몸 안에 살면서 장 속에 소화된 영양분을 야금야금 뺏앗아 먹어요. 기생충이 생기면 영양이 부족해서 빈혈이 생기기도 해요. 그러니까 기생충을 죽이는 구충제를 먹고, 채소를 잘 씻어 먹어야 해요.

파리는 다리를 비비며 음식에 나쁜 균을 털어 내고, 모기는 병에 걸린 사람이나 동물의 피를 빨고 다시 우리 몸의 피를 빨면서 병을 옮기기도 해요.

눈병과 무좀

상처

정답 79.① 80.① 81.①

눈병은 꽃가루나 황사가 눈에 들어가 걸리기도 하지만 바이러스로 옮겨서 걸리기도 해요. 그 중 가장 유명한 아폴로 눈병은 아폴로 11호가 달에 갔다온 뒤부터 유행하기 시작했다 해서 '아폴로 눈병'이라는 이름이 붙었어요.

무좀은 발에 곰팡이가 생겨 자란 거예요. 무좀에 걸리면 가렵고 약도 발라야 해요. 발을 잘 씻고 축축하지 않게 해야 무좀을 예방할 수 있어요.

정답 82.① 83.① 84.③

우리 몸은 다치면 여러 가지 자국이 생겨요. 몸을 세게 부딪치면 피부 밑의 실핏줄이 터지면서 피가 고여서 멍이 생겨요. 그리고 머리를 부딪치면 단단한 머리뼈 위에 피가 고여 혹이 생겨요.

또 살을 베거나 긁히면 딱지가 앉는데, 그 안에서 새살이 돋아요. 딱지는 새살이 다 나면 저절로 떨어지니까 억지로 잡아떼지 말고 그냥 두는 게 좋아요.

134~135쪽 정답이야.

집중탐구 퀴즈

문제를 잘 읽고 맞는 것을 골라봐. 쉽지 않을걸!

근육과 뼈의 병	알레르기와 아토피

85 갑자기 심하게 운동을 하면 다칠 수도 있어. 운동 전에 어떻게 해야 할까?

① 밥을 많이 먹어.
② 몸을 깨끗이 씻어.
③ 가벼운 체조를 해.

86 발을 삐어서 많이 부었어. 어떻게 하면 좋을까?

① 물파스를 발라.
② 얼음 찜질을 해.
③ 뜨거운 물에 담가.

87 디스크는 허리를 움직이기 힘든 병이야. 어떤 사람이 걸리기 쉬울까?

① 밥을 잘 먹지 않는 사람
② 많이 걸어 다니는 사람
③ 자세가 구부정한 사람

88 어떤 사람은 복숭아를 먹으면 두드러기가 나. 왜 그럴까?

① 복숭아 알레르기 때문에
② 복숭아가 오래 되어서
③ 피부병에 걸려서

89 꽃가루 알레르기 때문에 자꾸 재채기가 나. 어떻게 해야 할까?

① 병원에 가서 진찰을 받아.
② 나가지 말고 집에만 있어.
③ 잠을 많이 자.

90 아토피는 최근에 아이들에게 많이 생기는 피부병이야. 이 병에 걸리면 어떻게 될까?

① 피부가 검게 변해.
② 피부가 빨개지고 가려워.
③ 피부에 털이 많이 나.

인류를 구한 약

이 몸으로 위대한 페니실린을 만든 걸 모르는 군.

으아악! 이게 뭐야? 곰팡이 아니야?

질병의 역사

에이즈는 밥을 같이 먹는다고 옮지 않아요.

손을 잡아도 옮지 않아요.

91 나쁜 세균을 죽이는 페니실린은 심한 상처로 죽어 가던 많은 사람을 살려냈어. 처음에 어디에서 발견했을까?

① 이끼에서   ② 곰팡이에서
③ 똥에서

92 제너는 소에게서 뽑은 우두를 사람에게 주사해서 이 병을 예방했어. 이 병은 무엇일까?

① 천연두   ② 에이즈
③ 감기

93 옛날에는 광견병에 걸린 개에게 물려 죽는 사람이 많았어. 광견병 백신을 발견해 낸 사람은 누구일까?

① 파스퇴르   ② 아인슈타인
③ 슈바이처

94 옛날 유럽의 3분의 1이나 되는 사람을 죽인 병은 뭘까?

① 음식과 물로 옮는 콜레라
② 쥐가 옮긴 흑사병
③ 바이러스가 옮긴 독감

95 우리 조상들은 천연두를 '마마' 라고 불렀어. 왜 그랬을까?

① 천연두 옮기는 신을 달래려고
② 마옷을 입으면 나으니까
③ 왕비마마만 걸린 병이어서

96 1980년대에 발견된 이 병은 아직도 치료법을 찾지 못했어. 이 병은 뭘까?

① 독감
② 사스
③ 에이즈

정답과 해설은 뒤쪽에 있어.

집중탐구 퀴즈 정답 & 해설

근육과 뼈의 병

알레르기와 아토피

정답 85.③ 86.② 87.③

운동을 갑자기 하면 우리 몸이 놀라서 다치거나 아플 수 있어요. 운동 전에는 서서히 움직여 준비를 하고 시작하는 게 좋아요.

운동을 하다 발을 삐어 인대가 늘어나면 붓고 화끈거려요. 이 때는 얼음 찜질로 가라앉혀 줘요.

운동을 너무 안 해도 건강을 해칠 수 있어요. 운동을 하지 않고 늘 구부정한 자세로 있다가는 디스크 같은 병에 걸릴 수 있거든요.

정답 88.① 89.① 90.②

알레르기는 우리 몸이 어떤 음식이나 물질, 환경 등을 받아들이지 못해서 몸에 이상이 생기는 거예요. 달걀에 알레르기가 있는 사람도 있고, 먼지나 아스피린에 알레르기가 있는 사람도 있어요. 알레르기가 발생하면 병원에 가서 치료를 받아요.

피부에 발생하는 알레르기가 심한 것을 아토피 피부염이라고 부르기도 해요. 아토피 환자는 피부를 건조하지 않게 하는 게 가장 중요해요.

인류를 구한 약

질병의 역사

정답 91. ② 92. ① 93. ①

인류는 세상을 바꾼 위대한 발견으로 많은 고통에서 벗어날 수 있었어요.

페니실린은 1928년 영국의 세균학자 플레밍이 푸른 곰팡이에서 발견했고, 천연두는 1798년 영국의 의학자 제너가 소에게서 발생한 천연두(우두)에 걸린 사람은 다시 걸리지 않는다는 것을 알고 백신을 만들면서 정복되었어요. 광견병 백신은 1885년 프랑스의 세균학자 루이 파스퇴르가 발견했어요.

정답 94. ② 95. ① 96. ③

질병은 삶과 죽음을 움직이며 언제나 사람들과 함께해 왔어요.

1347년 전 유럽을 휩쓴 페스트는 살이 검어지며 죽어서 '흑사병'이라고도 불렀어요. 마마라고도 불리는 천연두는 역사상 가장 많은 사람을 죽인 병이에요. 우리 조상들은 이 병을 옮기는 신이 있다고 생각할 정도였어요. 20세기에 발견된 에이즈는 면역력이 떨어지는 전염병으로 피를 통해 옮겨지는데, 아직도 치료법을 찾지 못했어요.

138-139쪽 정답이야.

교과서 도전 퀴즈

학교 시험에는 어떻게 나올까? 도전해봐!

정답 144쪽

1 병원의 종류와 하는 일   1학년

- 소아과 : 아기 또는 어린이의 병을 치료하는 병원
- 안과 : 눈의 병을 치료하는 병원
- 치과 : 이의 병을 치료하는 병원
- 이비인후과 : 귀, 코, 목구멍의 병을 치료하는 병원
- 외과 : 몸의 상처를 치료하거나 수술하는 병원
- 내과 : 몸 속에 생긴 병을 치료하는 병원
- 정형 외과 : 뼈가 부러졌거나 다쳤을 때 치료하는 병원

1. 유치원 다니는 동생이 배가 아프면 소아과에 가야 한다. (○ , ×)

2. 눈을 치료하는 의사 선생님이 계신 곳은 치과이다. (○ , ×)

3. 정형 외과에서는 어긋난 뼈를 치료한다. (○ , ×)

4. 병원에서는 처방에 따라 약을 지어 준다. (○ , ×)

2 식품 위생과 건강   1학년

신선한 빵

상한 빵

1. 상한 음식은 곰팡이가 생긴다. (○ , ×)

2. 신선한 빵에서는 이상한 냄새가 난다. (○ , ×)

3. 상한 음식인지 확인할 때는 맛을 본다. (○ , ×)

4. 상한 음식을 먹으면 배탈이 난다. (○ , ×)

144쪽 정답 5 1.○ 2.○ 3.× 4.× 5.× 6.○ 7.×

142

기대하시라!

3 건강하게 겨울나기 1학년

눈사람 만들기   썰매 타기   팽이 치기   연 날리기

1. 팽이치기는 눈이 와야 할 수 있다. (○ , ×)

2. 눈사람을 만든 후에는 손을 깨끗이 닦아야 한다. (○ , ×)

3. 연 날리기는 여름에도 할 수 있다. (○ , ×)

4. 썰매 타기는 겨울철 놀이이다. (○ , ×)

4 응급처치 3학년

1) 출혈이 심할경우
- 깨끗한 헝겊을 상처에 대고 세게 누릅니다.
- 상처를 심장보다 높게하고 편하게 눕습니다.
- 부모님에게 알리고 119에 신고합니다.

2) 화상을 입었을 경우
- 화상으로 생긴 물집을 터트리지 않습니다.
- 차가운 물로 화상 부위를 식힙니다.
- 깨끗한 거즈나 헝겊으로 화상부위를 덮습니다.

1. 화상을 입어서 생긴 물집은 터트린다. (○ , ×)

2. 출혈이 심할 때는 상처를 심장보다 높게 한다. (○ , ×)

3. 화상을 입었을 때는 화상 부위를 흐르는 물에 식힌다. (○ , ×)

145쪽 정답 **6** 1.○ 2.× 3.× 4.○ **7** 1.× 2.× 3.○

5 **눈, 피부의 질병과 예방법** 3학년

1) 눈 관련 질병
   • 결막염 : 눈에 세균이 침투해 생기는 병으로 그 증상은 눈이 충혈되고 시력이 떨어집니다.
   • 다래끼 : 눈꺼풀에 염증이 생겨 붓고, 곪게 됩니다.

2) 피부 관련 질병
   • 땀띠 : 땀구멍이 피부 각질에 막혀 안에 땀이 고여 물집이 생깁니다.
   • 여드름 : 피지 분비가 많아 생깁니다.

3) 예방법
   • 외출 후에는 손을 씻습니다.
   • 신선한 채소와 과일을 먹습니다.

1. 결막염은 눈에 생기는 질병이다. (○ , ×)

2. 땀띠는 여름에 많이 생긴다. (○ , ×)

3. 다래끼는 눈이 충혈되고, 시력이 떨어지는 병이다. (○ , ×)

4. 여드름이 생기면 손으로 바로 짠다. (○ , ×)

5. 눈이 가려우면 손으로 문지른다. (○ , ×)

6. 손을 자주 씻으면 결막염을 예방할 수 있다. (○ , ×)

7. 피부에 피지 분비가 많이 생기면 아토피가 생긴다. (○ , ×)

기대하시라!

6 전염병의 종류
5학년

1) 호흡기를 통한 전염병 – 홍역, 백일해, 폐렴, 결핵 등
2) 소화기를 통한 전염병 – 콜레라, 장티푸스, 이질, 소아마비 등
3) 피부를 통한 전염병 – 파상풍, 뇌염, 말라리아, 유행성 출혈열, 수두, 유행성 결막염 등

1. 전염병은 다른 사람에게 전염이 된다. (○ , ×)
2. 설사는 전염병이다. (○ , ×)
3. 장티푸스, 폐렴, 이질은 호흡기를 통해 전염된다. (○ , ×)
4. 파상풍, 뇌염은 피부를 통한 전염병이다. (○ , ×)

7 청소년기의 신체 변화
6학년

1) 청소년기의 특징
   • 체격이 커지고, 심리적 변화도 심하게 나타납니다.
   • 여자와 남자의 몸매가 눈에 띄게 바뀝니다.
   • 이성에 관심이 많아집니다.
2) 청소년기에 나타나는 남녀의 신체 차이
   • 남자 : 목소리가 굵어지고 체모가 납니다. 그리고 어깨가 넓어지고 근육이 발달합니다.
   • 여자 : 초경을 하고 체모가 나고, 엉덩이가 넓어집니다.

1. 청소년기에는 남자와 여자의 몸매가 비슷해진다. (○ , ×)
2. 청소년기에 남자는 목소리가 굵어지고, 어깨는 좁아진다. (○ , ×)
3. 청소년기에 여자는 엉덩이가 넓어지고, 초경을 한다. (○ , ×)

143쪽 정답 **3** 1. × 2. ○ 3. ○ 4. ○ **4** 1. × 2. ○ 3. ○

4 Round 똥

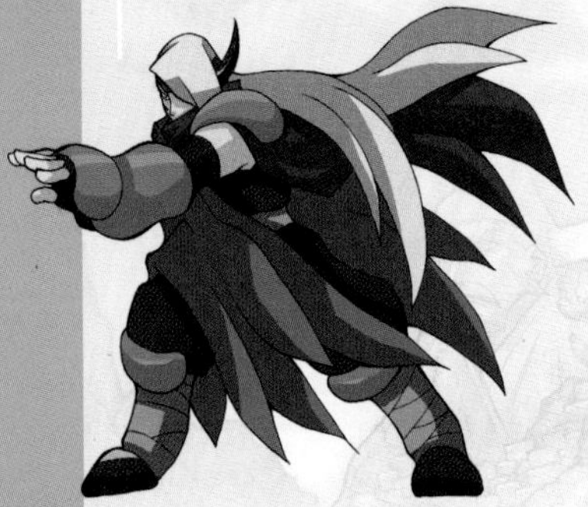

stage 1

- O× 퀴즈
- 있다없다 퀴즈
- 네모 퀴즈
- 사다리 퀴즈
- 왜?왜? 퀴즈

stage 2

- 집중탐구 퀴즈

소화란? · 똥이란?
똥의 궁금증 · 똥과 배변
변비 · 설사
오줌이란? · 오줌의 궁금증
방귀란? · 방귀의 궁금증
똥 처리 과정 1 ·
똥 처리 과정 2
거름으로 쓰이는 똥 ·
똥과 식물
똥 이용1 · 똥 이용2

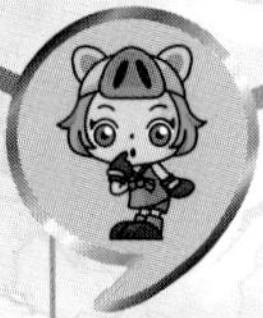

- 속담 퀴즈
- 또또 퀴즈

stage 3

● **집중탐구 퀴즈**

stage 4

● **교과서 도전 퀴즈**

OX 퀴즈

맞으면 ○, 틀리면 ×에 ○표 하는 거야. 이제 시작이라고!

정답 150쪽

1 방귀를 참으면 더 지독해 진다.

2 물고기는 방귀를 뀐다.

3 쇠똥구리는 쇠똥만 먹는다.

4 고기를 먹고 뀐 방귀 냄새가 더 지독하다.

5 참은 방귀는 똥이 된다.

6 새는 하늘을 날면서 똥을 눈다.

7 주황색 당근을 먹은 달팽이의 똥은 주황색이다.

8 새는 오줌과 똥을 함께 눈다.

각 쪽을 잘 보고, 답을 맞춰봐. 누가 더 많이 맞췄을까……

있다없다 퀴즈

있을까? 없을까? 알쏭달쏭~~ 비밀의 문을 열어봐!

정답 151쪽

똥

1 위가 4개인 동물이~

있다 없다

2 말미잘은 항문이 ~

있다 없다

3 코끼리 똥으로 종이를
만들 수 ~

있다 없다

4 똥을 먹는 동물이 ~

있다 없다

5 새는 대장이 ~

있다 없다

6 똥 모양으로 건강을 알 수 ~

있다 없다

152-153쪽 정답 **1**① **2**② **3**② **4**① **5**② **6**① **7**② **8**①

Round 4 똥 · 149

네모 안에 들어갈 말은 뭘까? 답은 둘중 하나!

정답 152쪽

1 새는 똥과 ▨▨을 함께 눈다. ……… 오줌 〉 방귀

2 개미는 단맛이 나는 ▨▨의 똥을 먹는다. …… 무당벌레 〉 진딧물

3 변비에 좋은 음식은 ▨▨이다. ………… 김치 〉 라면

4 영양분은 ▨▨을 통해서 온몸에 전달된다. … 근육 〉 핏줄

5 설사에 걸리면 ▨▨을 눈다. ………… 묽은 똥 〉 딱딱한 똥

6 음식을 잘게 부수는 이는 ▨▨이다. …… 송곳니 〉 어금니

7 똥을 잘 누게 하는 섬유질은 ▨▨에 많이 들어있다. … 고기 〉 채소

8 ▨▨는 먹은 풀을 다시 게워내서 먹는다. … 염소 〉 토끼

148쪽 정답 **1** × **2** ○ **3** × **4** ○ **5** × **6** ○ **7** ○ **8** ○

150

사다리 퀴즈

알쏭달쏭 수수께끼! 사다리를 타면 답이 나와.

정답 153쪽

1 손 대지 않고도 쌀 수 있는 것은? ⚬ ─── ⚬ 변기

2 나갈 때마다 집이 떨리는 것은? ⚬ ─── ⚬ 변비

3 아무리 보고 싶어도 볼 수 없는 비는? ⚬ ─── ⚬ 항문

4 배 아프면 볼 수 있는 절은? ⚬ ─── ⚬ 응가

5 엉덩이가 부르는 노래는? ⚬ ─── ⚬ 오줌

6 받아 먹을 때마다 물을 토해 내는 것은? ⚬ ─── ⚬ 설사

7 문은 문인데 닫을 수 없는 문은? ⚬ ─── ⚬ 거름

8 많이 썩을수록 이로운 것은? ⚬ ─── ⚬ 똥

149쪽 정답 **1** 있다 **2** 없다 **3** 있다 **4** 있다 **5** 없다 **6** 있다

왜?왜? 퀴즈

왜? 왜그럴까? 숨겨진 이유를 찾아봐.

정답 149쪽

왜 사막을 떠돌며 사는 사람들은 뒤를 닦지 않아도 될까?

① 딱딱하고 마른 똥을 눠서
② 오줌 같은 물똥을 눠서

왜 방귀도 가스인데 불이 붙지 않는 걸까?

① 불이 붙지 않는 가스라서
② 한번에 나오는 방귀 양이 적어서

구즈리는 먹고 남은 고기에 똥을 눠. 왜 그럴까?

① 고기를 썩혀서 먹으려고
② 다른 동물이 먹지 못하게 하려고

왜 호랑이의 똥냄새는 기린의 똥보다 냄새가 더 지독할까?

① 단백질이 많아서
② 유산균이 많아서

150쪽 정답 1 오줌 2 진딧물 3 김치 4 핏줄 5 묽은 똥 6 어금니 7 채소 8 염소

왜 흰개미는 똥에 풀이나 나무를 씹어 만든 반죽을 버섯에 뿌릴까?

① 버섯을 없애려고
② 버섯을 키우려고

왜 쇠똥구리는 둥글게 똥을 말까?

① 먹으려고
② 집을 지으려고

왜 토끼는 자기 똥을 먹을까?

① 배가 고파서
② 영양소를 흡수하려고

왜 우주선의 변기는 똥을 청소기처럼 빨아들일까?

① 똥 오줌이 뜨지 않게 하려고
② 우주 밖으로 버릴려고

151쪽 정답 1 똥 2 오줌 3 변비 4 설사 5 응가 6 변기 7 항문 8 거름

소화란?

맛있겠다. 난 밥이 제일 맛있어.

똥이란?

휴지 너무 많이 사용하는 거 아니니?

엄마! 많이 먹었더니 응가가 많이 나와서…

1 우리가 먹은 음식은 몸 속에서 영양분을 빨아들이기 쉽게 잘게 쪼개져. 이것을 무엇이라고 할까?

① 배변　　　② 소화
③ 흡수

2 소화는 음식이 입에서 잘게 쪼개지면서 시작돼. 그럼 소화가 끝나는 곳은 어디일까?

① 항문　　　② 심장
③ 작은창자

3 꿀꺽! 목구멍을 넘어간 음식은 위로 가서 이것과 섞여 죽처럼 돼. 이것은 무엇일까?

① 침　　　② 위액
③ 자일리톨

4 꿈틀꿈틀! 위에서 죽처럼 된 음식은 작은창자로 가. 음식은 작은창자에서 어떻게 될까?

① 영양분이 빠져.
② 물기가 빠져.　　③ 모두 썩어.

5 작은창자에서 영양분이 빠진 음식은 큰창자로 가. 음식은 큰창자에서 어떻게 될까?

① 다시 죽처럼 돼. ② 모두 썩어.
③ 물기가 빠져.

6 쏘옥! 음식이 큰창자를 지나서 소화가 끝나고 항문을 통해 똥으로 나와. 똥은 무엇일까?

① 음식의 찌꺼기
② 남은 영양분 덩어리
③ 위액 덩어리

똥의 궁금증

빨간 수박 먹고, 빨간 똥 눌거야.

모르는 소리! 쓸개즙이 섞이면 뭘 먹어도 누런색이 된다고.

똥과 배변

야채 많이 먹고 응가 많이 해야지~

우린 섬유질이 많아서 소화가 잘 되게 도와줘요.

7 똥에는 음식 찌꺼기뿐 아니라 물, 장 세포, 세균 등이 있어. 이 중 가장 많은 건 뭘까?

① 물　　　　② 장 세포

③ 세균

8 빨간 수박을 흰 쌀밥을 먹어도 똥은 대부분 누런색이야. 왜 그럴까?

① 오줌이 섞여서

② 소화액이 섞여서

③ 기생충이 섞여서

9 왜 달콤한 냄새, 매운 냄새가 나는 음식을 먹어도 똥은 구린내 날까?

① 여러 음식 냄새가 섞여서

② 소화액 냄새가 구려서

③ 몸 속 세균이 구린내를 만들어서

10 똥을 보고 건강한지 알 수 있어. 다음 중 건강한 사람은 누구일까?

① 죽처럼 퍼진 똥을 눈 큐큐

② 바나나처럼 긴 똥을 눈 토라

③ 자갈처럼 동글한 똥을 눈 찡

11 음식은 하루 정도면 소화가 돼. 그럼 똥은 얼마 만에 누는 게 좋을까?

① 하루에 1번

② 3일에 1번

③ 1주일에 1번

12 뭘 먹느냐에 따라서 누는 똥의 양이 달라져. 다음 중 누가 가장 많은 똥을 눌까?

① 과일과 채소를 먹는 찡

② 고기를 먹는 토라

③ 생선회를 먹는 큐큐

정답과 해설은 뒤쪽에 있어.

소화란?

똥이란?

정답 1.② 2.① 3.②

소화는 음식을 잘게 쪼개 영양분을 빨아들이기 쉽게 만드는 과정이에요. 소화는 입에서 시작해서 식도를 지나 위로 가서 걸쭉해지고, 십이지장, 작은창자, 큰창자를 지나 항문에서 끝나요.

입에서 음식을 쪼개는 이는 각각 하는 일이 달라요. 앞니는 음식을 자르고, 송곳니는 찢고, 어금니는 잘게 부숴요. 또 위에서는 위액이 음식물을 죽처럼 만들고, 위액 속의 위산은 음식에 들어 있는 세균을 죽여요.

정답 4.① 5.③ 6.①

위에서 죽처럼 된 음식은 작은창자로 가서 작은 돌기 같은 융털에 의해 영양분이 빠지고, 영양분은 핏줄을 통해 온몸에 전달돼요.

영양분이 빠진 음식은 큰창자로 가서 물기가 빠져요. 그러곤 영양분과 물기가 모두 빠진 음식은 찌꺼기가 되어 곧은창자에 모여 있다가 항문으로 나와요.

'입-위-작은창자-큰창자-항문'의 소화 기관을 거쳐 생긴 음식물 찌꺼기가 바로 똥이에요.

똥의 궁금증

똥과 배변

정답 7.① 8.② 9.③

우리가 먹는 음식의 95퍼센트는 몸에 흡수되고, 나머지는 똥오줌으로 나와요.

똥 속에는 소화되지 않은 음식 찌꺼기, 장의 벽에서 떨어진 세포, 소화액, 세균, 물기 등이 들어 있어요. 이 중 물기가 가장 많아요.

똥이 대부분 누런색인 건 음식이 십이지장을 지날 때 나오는 누런 담즙과 섞이기 때문이에요. 또 똥 냄새가 구린 건 몸 속 세균이 음식을 소화시키며 만든 가스 때문이에요.

정답 10.② 11.① 12.①

똥 모양을 보면 건강을 알 수 있어요. 건강한 사람은 길쭉하고 부드러운 똥을 눠요. 만약 몸이 좋지 않으면 똥에 피가 섞이거나 색깔이 검을 수 있어요.

음식은 먹고 하루 정도 지나면 소화가 돼요. 그래서 똥은 하루에 1번 정도 누는 게 좋아요.

똥은 음식을 많이 먹을수록 많이 누지만, 섬유질이 많은 음식을 먹어도 많이 눠요. 섬유질은 고기보다 채소나 과일에 많이 들어 있어요.

154~155쪽 정답이야.

변비

설사

13 변비에 걸려 눈 똥은 물기가 적어. 왜 그럴까?

① 작은창자에 오래 머물러서
② 큰창자에 오래 머물러서
③ 몸에 물이 적어서

14 유산균이 든 음식을 먹으면 변비를 예방할 수 있어. 다음 중 유산균이 많이 든 음식은 무엇일까?

① 김치　　　② 라면
③ 아이스크림

15 다음 중 변비에 걸리지 않는 생활 습관은 무엇일까?

① 아침을 잘 먹어.
② 물을 조금 마셔.
③ 아무 때나 밥을 먹어.

16 상한 음식을 먹으면 배가 아파서 똥을 누게 돼. 이럴 땐 어떤 똥을 눌까?

① 뚝뚝 끊어지는 알똥
② 딱딱 덩이가 지는 된똥
③ 주르륵 흐르는 설사

17 설사는 큰창자에서 물기를 잘 흡수하지 않아서 묽어. 왜 물기를 잘 흡수하지 않을까?

① 큰창자에 염증이 생겨서
③ 해로운 음식을 빨리 내보내려고

18 설사가 심하면 몸에 물이 빠져나가서 탈수증에 걸릴 수 있어. 다음 중 무얼 마셔야 할까?

① 톡 쏘는 콜라
② 영양이 많은 우유
③ 흡수가 빠른 이온 음료

오줌이란?

콩순이 오줌 냄새는 향긋해~

어? 그럼 병이 있는 건데…

오줌의 궁금증

오줌을 누면 몸이 온도가 떨어져서 열을 내려고 저절로 떨려.

오줌 누고 춤 추나? 왜 떨지?

19 쪼르륵! 오줌을 눴어. 오줌은 무엇으로 이루어져 있을까?

① 소금과 똥물
② 위액과 장액
③ 찌꺼기와 물

20 오줌은 샛노랄 때도 있고 옅은 노랑일 때도 있어. 왜 그럴까?

① 물의 양이 달라서
② 소화된 정도가 달라서
③ 먹은 음식이 달라서

21 오줌은 보통 지린내가 나. 만약 오줌에서 향긋한 냄새가 나면 좋은 걸까?

① 그럼, 건강하다는 표시야.
② 아니, 병에 걸렸다는 표시야.

22 주르륵! 어른은 하루에 얼마 정도 오줌을 눌까?

① 작은 우유 팩 정도
② 큰 콜라 페트병 정도
③ 정수기의 생수통 정도

23 날씨가 추운 날보다 더운 날에 오줌이 적게 나와. 왜 그럴까?

① 감기에 자주 걸려서
② 몸을 차갑게 하기 위해서
③ 땀으로 몸의 물을 내보내서

24 오줌을 누고 나면 몸이 부르르 떨려. 왜 그럴까?

① 몸의 열이 빠져나가서
② 오줌을 또 만들려고
③ 남은 오줌을 다 내보내려고

정답과 해설은 뒤쪽에 있어.

집중탐구 퀴즈 정답 & 해설

변비

설사

정답 13. ② 14. ① 15. ①

변비는 똥이 큰창자에서 오래 있으면서 물기가 적어져 딱딱해져 나오는 똥이에요. 변비가 생기면 똥 누는 횟수도 줄고, 딱딱해진 똥 때문에 항문이 찢어져 피가 날 수도 있어요.

김치로 변비를 예방할 수 있어요. 영양분 흡수를 돕고 물기가 지나치게 빠지는 걸 막아 주는 유산균이 많기 때문이에요. 유산균은 요구르트나 된장에도 많이 들어 있어요. 또 제때 밥을 먹으면 위나 장이 잘 움직여서 똥을 잘 눌 수 있어요.

정답 16. ③ 17. ③ 18. ③

찬 음식을 많이 먹거나 상한 음식을 먹으면 설사를 하게 돼요. 설사는 큰창자에서 몸에 해로운 음식을 빨리 내보내려고 물기를 잘 빨아들이지 않아 물기가 많아요.

설사를 하면 몸의 수분은 물론, 몸에 좋은 물질까지 빠져나가서 탈수증에 걸릴 수 있어요. 이럴 땐 몸 속 액체 성분과 농도가 가장 비슷한 이온 음료를 마시는 게 좋아요. 하지만 장을 자극하는 콜라나 소화가 잘 안 되는 우유는 좋지 않아요.

오줌이란?

오줌의 궁금증

정답 19.③ 20.① 21.②

온몸을 돌며 찌꺼기가 많아진 피는 콩팥에서 찌꺼기와 쓰고 남은 물로 걸려져요. 이것이 오줌이에요.

오줌에는 '유크롬' 이라는 색소가 섞여 있어서 누런색을 띠어요. 오줌은 땀을 많이 흘렸을 때처럼 몸의 수분이 적으면 진한 색이고, 물을 많이 마셔서 몸의 수분이 많으면 옅은 색이에요.

오줌에는 암모니아 가스가 들어있어 지린내가 나요. 그런데 당뇨병에 걸리면 향긋한 냄새가 나요.

정답 22.② 23.③ 24.①

어른은 1번에 작은 페트병 1개 정도 (300~500밀리리터)의 오줌을 누고, 하루엔 큰 페트병 1개 정도 (1~1.5리터)의 오줌을 눠요.

몸에 필요 없는 수분은 대부분 땀과 오줌으로 나와요. 그래서 땀이 많이 나는 여름에는 겨울보다 오줌을 적게 눠요.

오줌의 온도는 몸의 온도보다 약간 높은 40도예요. 그래서 오줌을 누면 몸의 온도가 잠깐 떨어져요. 그러면 몸은 부르르 떨어서 열을 만들어 내요.

158-159쪽 정답이야.

집중탐구 퀴즈

문제를 잘 읽고 맞는 것을 골라봐. 쉽지 않을걸!

방귀란?

윽!
또 방귀 뀐거야?

제가
아니에요.

방귀의 궁금증

와~ 맛있겠다.
어서 먹어야지.

날 먹고
방귀뀔땐 조심해.
냄새가 지독하거든.

25 뿡! 방귀를 뀌었어. 방귀는 뭘까?

(답은 2개)

① 숨 쉴 때 들어간 공기
② 몸 속에서 녹은 미생물
③ 소화될 때 생긴 가스

26 방귀는 자기도 모르게 나오기도 해. 하루에 몇 번 정도 나올까?

① 2번
② 13번
③ 40번

27 뿌우웅! 방귀를 뀌면 소리가 나. 왜 그럴까?

① 방귀가 찬 공기와 만나서
② 방귀가 옷에 부딪혀서
③ 방귀가 항문을 흔들어서

28 고기를 먹고 방귀를 뀌면 냄새가 더 지독해. 왜 그럴까?

① 단백질이 많아서
② 물기가 적어서
③ 똥이 많이 만들어져서

29 아빠 방귀 소리는 내 방귀 소리보다 커. 방귀 소리가 크면 냄새도 지독할까?

① 그럼, 소리가 크니까 당연하지.
② 아니, 소리와는 상관없어.

30 꿀꺽꿀꺽! 우유를 마시면 방귀를 더 많이 뀌는 사람이 있어. 왜 그럴까?

① 우유를 소화시키지 못해서
② 우유에 영양소가 적어서
③ 우유가 차가워서

똥 처리 과정 1

변변변기에♪ 똥을 누면♩

기기기다란♪ 관을 타고♬

커다란♬ 정화조에 모인다네♭

똥 처리 과정 2

똥거름에 영양분이 많아서 더 빨리 나왔지.

드디어 새싹이 나왔네?

31 우리가 변기에 눈 똥은 어디로 갈까?

① 하수구
② 욕실 바닥
③ 정화조

32 정화조에 모인 똥은 분뇨 처리장으로 가. 그럼 똥과 함께 내려간 물은 어디로 갈까?

① 하수 처리장으로 가.
② 바로 변기 물로 가.

33 똥은 분뇨 처리장에서 똥에 섞인 것이 걸러져. 다음 중 가장 많이 섞여 있는 것은 무엇일까?

① 귀걸이, 반지
② 파리, 바퀴벌레
③ 머리카락, 비닐

34 분뇨 처리장에서 똥에 든 머리카락, 비닐 등을 걸러 냈어. 다음엔 어떤 일을 할까?

① 남은 물기를 빼내.
② 땅에 묻어.   ③ 불에 태워.

35 물기를 모두 뺀 똥은 땅에 묻거나 불에 태워. 그리고 또 어떻게 할까?

① 동물의 먹이로 줘.
② 농사를 지을 거름으로 써.
③ 무기를 만드는 재료로 써.

36 똥은 좋은 거름이지만 썩히지 않으면 거름으로 쓸 수 없어. 왜 그럴까?

① 똥이 진득거려서
② 똥 냄새가 진해서
③ 기생충과 세균이 많아서

정답과 해설은 뒤쪽에 있어.

집중탐구 퀴즈 정답 & 해설

방귀란?

방귀의 궁금증

정답 **25.①, ③ 26.② 27.③**

방귀는 우리가 먹을 때, 말할 때, 숨을 쉴 때 입으로 들어온 공기와 음식이 큰창자에서 세균에 의해 쪼개지면서 만들어진 가스가 항문으로 나온 가스예요.

방귀는 소리를 내며 나오기도 하지만 똥을 눌 때나 길을 걸을 때 자기도 모르게 소리 없이 나오기도 해요. 이렇게 우리는 알게 모르게 하루에 13번 정도 방귀를 뀌어요.

방귀를 뀔 때 소리가 나는 건 가스가 항문을 흔들며 나오기 때문이에요.

정답 **28.① 29.② 30.①**

방귀 냄새는 장에서 만들어진 메탄가스와 음식에 들어 있는 유황 성분이 섞여서 나요. 고기를 먹으면 단백질에 든 암모니아가 쪼개지면서 유황이 더 많이 생겨요. 그래서 방귀 냄새가 더 지독해져요.

방귀 소리는 가스량이 많거나 항문이 좁아졌을 때 크게 나요.

우유를 마시면 방귀를 자주 뀌는 사람이 있어요. 장에 우유를 소화시키는 효소가 없기 때문이에요.

똥 처리 과정 1

똥 처리 과정 2

우리가 변기에 눈 똥은 물과 함께 관을 타고 '정화조' 라는 큰 통에 모여요. 그러면 정화조에 모인 물은 하수도로 보내지고, 똥은 분뇨 처리장으로 보내져요.

분뇨 처리장에서는 다시 똥과 똥에 섞인 물을 분리해요. 똥에 섞인 물은 깨끗이 한 후 강물로 흘려 보내요. 또 물이 빠진 똥은 똥에 섞인 모래, 머리카락, 비닐 등을 걸러 내 땅에 묻어요. 그리고 남은 똥은 다시 물기를 빼고 15일 정도 썩혀 둬요.

분뇨 처리장에서는 똥에서 물과 똥에 섞인 것을 걸러 낸 뒤 썩혀요. 그러곤 다시 똥에 물기를 빼서 부슬부슬한 똥 찌꺼기 가루로 만들어요. 이렇게 만들어진 똥 찌꺼기는 바다에 버리거나 땅에 묻거나 태워요. 또는 지렁이를 키워 지렁이 똥을 거름으로 식물을 키우기도 해요.

만약 똥을 썩히지 않고 거름으로 사용하면 식물이 오염된 채로 자라요. 똥에 세균과 기생충 알이 있기 때문이에요.

162-163쪽 정답이야.

집중탐구 퀴즈

문제를 잘 읽고 맞는 것을 골라봐. 쉽지 않을걸!

거름으로 쓰이는 똥

와~ 똥거름 덕분에 농작물이 아주 잘 자랐군.

잘 자라는건 좋은데 똥냄새 는 싫어요.

똥과 식물

어서 와서 먹어.

그리고 멀리가서 똥을 눠서 씨를 퍼뜨려 줘.

37 똥을 거름으로 주면 식물이 잘 자라. 왜 그럴까?

① 똥 냄새가 공기를 맑게 해서
② 똥 물기가 뿌리를 적셔서
③ 똥 영양분이 땅을 기름지게 해서

38 옛날에는 똥에 꼭 재를 섞어 거름을 만들었어. 왜 그랬을까?

① 벌레가 생기지 않게 하려고
② 거름의 양을 늘리려고
③ 영양분을 더 높이려고

39 화학 비료는 냄새도 나지 않고 영양소 도 많지만, 똥으로 만든 거름보다 좋 지 않아. 왜 그럴까?

① 식물의 색이 흐려져서
② 열매가 많이 생기지 않아서
③ 땅의 좋은 미생물을 죽여서

40 식물 중에는 동물의 똥으로 씨를 퍼뜨 리는 식물이 있어. 다음 중 누구일까?

① 씨가 바람에 날리는 민들레
② 향기가 진한 장미
③ 사과가 열리는 사과나무

41 과일박쥐가 먹는 식물은 과일박쥐가 먹기 쉬운 곳에 열매를 만들어. 어디 에 만들까?

① 가지가 가장 굵은 곳
② 땅 속 뿌리 근처 ③ 잎이 없는 곳

42 식물은 왜 동물의 똥으로 씨를 퍼뜨리 는 걸까?

① 씨를 먼 곳까지 퍼뜨릴 수 있어 서
② 씨가 튼튼해져서
③ 씨가 많아져서

똥 이용 1

잘 말린 소똥 없나? 찾기 힘드네.

여긴 없으니 저쪽으로 가 보게.

똥 이용 2

똥이 나와야 누죠. 저리 좀 가요.

어서 똥을 좀 눠. 똥이 다 떨어졌어.

43 인도에서는 쇠똥을 시장에서 팔아. 쇠똥은 어디에 쓸까?

① 목욕할 때 비누로
② 토끼를 기르는 먹이로
③ 불 때는 땔감으로

44 땔감으로 쓸 쇠똥은 손으로 주물러서 벽에 붙여. 왜 그럴까?

① 양을 늘리려고
② 물기를 없애려고
③ 냄새를 없애려고

45 인도 사람들은 쇠똥을 1주일에 1번 정도 집 안에 발라. 왜 그럴까?

① 좋은 향기가 나서
② 먼지가 덜 일어나서
③ 벌레가 사라져서

46 잠비아에서는 이 동물의 똥으로 종이를 만들기도 해. 다음 중 누구일까?

① 코끼리
② 토끼
③ 사자

47 캥거루 똥으로도 종이를 만들어. 25킬로그램 똥으로 A4 용지 종이를 얼마나 만들 수 있을까?

① 400장   ② 300장
③ 200장

48 누에 똥에는 나쁜 세포에만 붙는 '폴리핀'이라는 성분이 있어. 다음 중 어떤 약을 개발할 수 있을까?

① 살이 빠지는 약
② 암 세포를 죽이는 약
③ 뼈를 튼튼하게 하는 약

정답과 해설은 뒤쪽에 있어.

집중탐구 퀴즈 정답 & 해설

거름으로 쓰이는 똥

똥과 식물

정답 37. ③ 38. ① 39. ③

똥 속에는 땅을 기름지게 하는 질소와 인이라는 성분이 들어 있어요. 그래서 똥은 식물이 잘 자랄 수 있는 좋은 거름이 돼요.

똥을 그대로 썩히면 해충들이 꼬여요. 그래서 똥으로 거름을 만들 때는 짚이나 나무 같은 것을 태우고 남은 재를 섞어서 썩혀요. 그러면 해충은 물론 잡초도 없어요.

화학 비료에도 질소와 인이 들어있지만 땅을 산성화시켜 지렁이와 같은 유익한 생물이 살 수 없어요.

정답 40. ③ 41. ③ 42. ①

식물은 씨를 퍼뜨리기 위해 동물들이 좋아하는 열매를 만들어서 유혹해요. 과일박쥐가 먹는 식물은 박쥐가 먹기 쉽게 잎사귀가 없는 곳에 즙이 많은 열매를 만들어요.

초식 동물이 열매를 먹고 눈 똥에는 소화가 안 된 씨가 들어 있어요. 그래서 초식 동물이 이곳 저곳 돌아다니며 똥을 누면 식물의 씨가 먼 곳까지 퍼져요. 이렇게 식물은 동물의 똥으로 씨를 퍼뜨리는 거예요.

똥 이용 1

똥 이용 2

정답 43. ③ 44. ② 45. ②

인도의 농촌에서는 쇠똥을 모아 덩어리로 만들어 볕이 잘 드는 담벽에 붙여 두는 곳도 있어요. 쇠똥을 잘 말려 땔감으로 사용하거나 시장에 팔기도 해요.

쇠똥은 땔감 외에도 여러 곳에 쓰여요. 인도 사람들은 쇠똥이 가족의 건강을 지켜 준다고 믿어서 쇠똥에 물을 섞어 반죽한 뒤 집 안 구석구석 바르기도 해요. 또 1주일에 1번 정도 쇠똥 반죽을 흙방이나 안뜰 바닥에 발라 집 안에 먼지가 덜 나게 해요.

정답 46. ① 47. ① 48. ②

잠비아에서는 코끼리 똥으로 종이를 만들어요. 코끼리 똥에 소화가 안 된 섬유질이 많기 때문이에요. 최근 호주에서도 캥거루 똥을 이용해서 종이를 만들어 관광 상품으로 팔아요. 캥거루 똥 25킬로그램으로 A4용지 400장을 만들 수 있어요. 뽕잎만 먹는 누에 똥에는 폴리핀이 들어 있는데, 폴리핀은 정상 세포는 가만히 두고 암세포에만 붙는 성질이 있어요. 이를 이용해 암세포를 없애는 약을 개발하고 있어요.

166-167쪽 정답이야.

열쇠를 찾아봐. 속담이 보일 거야.

■■ 뀐 놈이 성낸다.

➜ 자기가 잘못하고 오히려 화를 낸다.

■■■ 굴리 듯 한다.

➜ 아무 데도 소용되지 않는 물건이므로 아무렇게나 함부로 다룬다.

누지 못하는 ■을 누라 한다.

➜ 무리하게 억지로 시키 것을 말한다.

똥 묻은 ■가 겨 묻은 ■ 나무란다.

➜ 자기 허물이 더 많으면서 남의 허물을 흉본다.

언 발에 ■■누기

➜ 언 발을 녹이려고 오줌을 누어 봤자 효력이 별로 없다.

똥

방귀

개

오줌

똥덩이

쉬어가기

또또퀴즈

정답 33쪽

왼쪽의 그림은 다음 중 어느 그림에서 잘라냈을까?

❶

❷

❸

❹

125쪽 정답

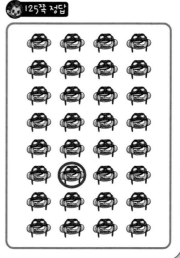

과연~
만만치 않을걸?

또또퀴즈~정말 재미있다. 어디 어디 숨었을까?

Round 4 똥 · 171

집중탐구 퀴즈

문제를 잘 읽고 맞는 것을 골라봐. 쉽지 않을걸!

초식 동물의 똥

먹은 거 다시 게워 내서 되새김 질하는 중이야.

풀도 뜯지 않고 자꾸 뭘 씹냐? 혹시 껌?

육식 동물의 똥

그래도 난 고기가 좋아.

너희들 똥 냄새는 너무 독해. 사슴은 안 독한데….

49 풀을 먹는 염소는 먹은 음식을 다시 게워 내서 씹어. 이걸 뭐라고 할까?

① 다시 씹기
② 되새김질
③ 배변 훈련

50 염소는 왜 되새김질을 할까?

① 맛이 좋아져서
② 소화하기 쉬워서
③ 영양소가 많아져서

51 되새김질을 하는 염소는 동글한 똥을 눠. 그럼 되새김질을 하지 않는 코끼리는 어떤 똥을 눌까?

① 물기가 없는 푸석한 똥
② 소화가 덜 된 펑퍼짐한 똥
③ 끈기가 많은 기다란 똥

52 육식 동물과 초식 동물 중 어떤 동물의 똥 냄새가 더 지독할까?

① 고기를 먹는 육식 동물
② 풀을 많이 먹는 초식 동물

53 초식 동물의 똥에는 소화가 덜 된 나뭇잎이나 나뭇가지가 있어. 그럼 육식 동물의 똥에는 무엇이 있을까?

① 털과 뼈   ② 꽃과 나무
③ 돌과 흙

54 초식 동물의 똥은 대부분 펑퍼짐하고 물기가 많아. 그럼 육식 동물의 똥은 대부분 어떻게 생겼을까?

① 길고 진득진득해.
② 동그랗고 딱딱해.
③ 동그랗고 진득진득해.

새 똥

많이 많이 먹고 똥 많이 눠라.

엄마가 똥 치워주니깐 둥지가 보송보송 해요.

물고기 똥

실아니라 똥이야. 방귀도 같이 뀌었는데…

물고기 배에 실이 붙었네?

55 새의 똥도 사람처럼 누런 색이야. 그런데 왜 하얗게 보일까?

① 흰 오줌이 섞여서
② 흰 소화액이 섞여서
③ 흰 방귀가 섞여서

56 새끼 새가 있는 둥지에는 똥이 없어. 왜 그럴까?

① 새끼 새가 먹어서
② 어미 새가 버려서
③ 어미 새가 먹어서

57 어미 새는 새끼의 똥을 물어다 먼 곳에 버려. 왜 그럴까?

① 똥으로 먹이를 유인하려고
② 영역 표시를 하려고
③ 천적이 못 오게 하려고

58 물고기는 물속에 살아. 그럼 오줌을 눌까?

① 그럼, 오줌을 뉘.
② 아니, 오줌을 누지 않아.

59 물고기는 가는 똥을 눠. 그럼 항문은 어디에 있을까?

① 꼬리지느러미 뒤에
② 아가미 뒤에
③ 배지느러미 뒤에

60 물고기는 오줌도 누고 똥도 눠. 그럼 방귀도 뀔까?

① 그럼, 똥과 함께 섞여 나와.
② 아니, 방귀는 뀌지 않아.

정답과 해설은 뒤쪽에 있어.

집중탐구 퀴즈 정답 & 해설

초식 동물의 똥

육식 동물의 똥

정답 49.② 50.② 51.②

사슴, 낙타, 기린 같은 초식 동물은 소화를 잘 하기 위해 먹은 음식을 게워 내서 다시 씹어 되새김질을 해요. 되새김질을 하는 동물은 대부분 구슬 모양의 똥을 눠요.

초식 동물 중에 코끼리처럼 되새김질을 하지 않는 동물의 똥은 펑퍼짐 해요. 그런데 되새김질을 해도 물을 많이 먹는 소똥은 펑퍼짐 해요.

되새김질하지 않는 코끼리 똥엔 섬유질과 소화가 덜 되서 영양소가 많아서 곤충들의 먹이가 돼요.

정답 52.① 53.① 54.①

사자, 호랑이, 여우처럼 고기를 먹는 육식 동물의 똥은 길고 지저분 해요. 고기에 많이 들어 있는 단백질 같은 성분이 똥을 진득하고 질기게 만들기 때문이에요.

다른 동물을 잡아먹는 육식 동물의 똥에는 소화가 잘 되지 않는 털이나 뼈 조각 등이 들어 있어요. 또 고기에는 단백질이 많이 들어 있어서 육식 동물의 똥이 초식 동물의 똥보다 구린내가 더 많이 나요.

새 똥

물고기 똥

정답 55. ① 56. ② 57. ③

새의 몸에는 오줌을 누는 곳이 따로 없어서 오줌을 똥과 함께 눠요. 그래서 원래 누런색인 새똥이 하얀 오줌과 섞여 하얗게 보여요.

새끼 새는 둥지에서 똥을 눠요. 그러면 어미 새는 새끼의 똥을 물고 둥지에서 멀리 떨어진 곳에 버려요. 새를 잡아먹는 동물이 새끼가 눈 똥을 발견하거나 냄새를 맡고 둥지를 찾으면 새끼들이 위험해질 수 있기 때문이에요.

정답 58. ① 59. ③ 60. ①

물고기도 사람처럼 입, 위, 장, 항문을 통해 먹이를 소화시켜요. 그리고 몸에 생긴 노폐물과 물은 똥과 오줌으로 내보내요.

물고기의 항문은 배지느러미 뒤에 있어요. 가끔 어항 안 물고기가 배쪽에 가늘고 긴 똥을 달고 다니는 걸 볼 수 있어요.

물고기는 방귀를 똥과 함께 내보내요. 방귀가 장에 쌓이면 물고기가 뜨거나 가라앉는 데 영향을 줄 수 있기 때문이에요.

172-173쪽 정답이야.

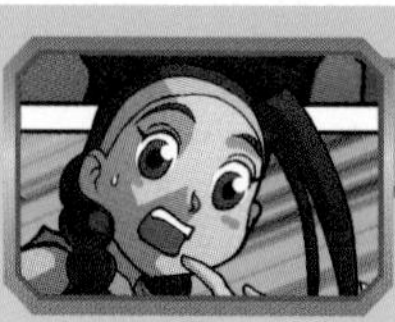

집중탐구 퀴즈

문제를 잘 읽고 맞는 것을 골라봐. 쉽지 않을걸!

먹이와 똥

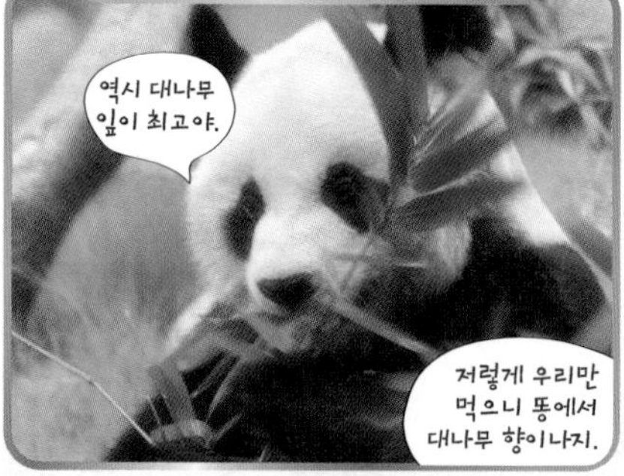
역시 대나무 잎이 최고야.
저렇게 우리만 먹으니 똥에서 대나무 향이나지.

공룡의 똥

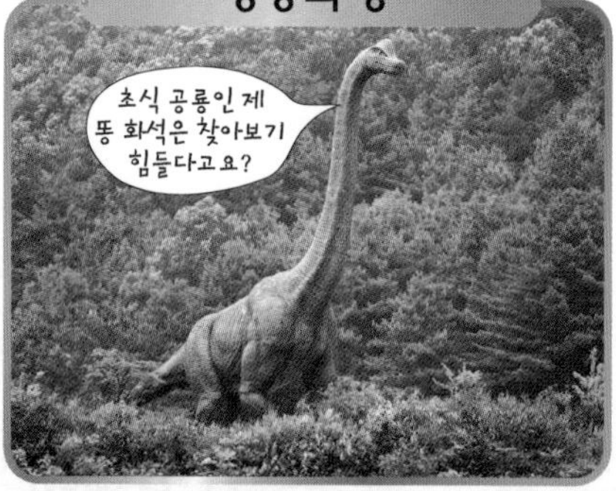
초식 공룡인 제 똥 화석은 찾아보기 힘들다고요?

61 달팽이 3마리의 똥색이 빨강, 노랑, 초록으로 모두 달랐어. 왜 그럴까?

① 소화액의 색이 모두 달라서
② 사는 곳이 달라서
③ 먹이의 색이 달라서

62 흡혈박쥐는 동물의 피를 먹어. 그럼 흡혈박쥐는 어떤 똥을 눌까?

① 푸석하고 마른똥
② 줄줄 흐르는 똥
③ 딱딱하고 단단한 똥

63 왕판다는 대나무를 먹고 살아. 그럼 똥 냄새는 어떨까?

① 구린 방귀 냄새
② 달콤한 꿀 냄새
③ 풋풋한 대나무 냄새

64 화석을 보면 옛날에 살던 동식물에 대해 알 수 있어. 그럼 똥 화석으로는 다음 중 뭘 알 수 있을까?

① 동물의 색 ② 동물의 수
③ 동물의 먹이

65 공룡의 똥 화석에서 뼈가 발견됐어. 다음 중 누구의 똥일까?

① 풀을 먹는 브라키오사우루스
② 공룡을 먹는 티라노사우루스

66 초식 공룡의 똥은 육식 공룡의 똥보다 화석이 되기 힘들어. 왜 그럴까?

① 똥에 든 풀이 잘 썩어서
② 똥이 딱딱해서
③ 똥에 세균이 많아서

동물의 소화 기관

헉! 그럼.. 똥을 입으로???

우리 입으로 먹고, 입으로 뱉지.

동물의 방귀

윽! 적도 나타 나지 않았는 데 방귀가 …

67 말미잘은 항문이 없어. 그럼 어떻게 똥을 눌까?

① 입으로 눠.
② 똥을 안 눠.
③ 피부로 눠.

68 우리는 위가 1개야. 그럼 되새김질하 는 소의 위는 몇 개일까?

① 2개
② 4개
③ 14개

69 하늘을 나는 새는 몸을 가볍게 하려고 똥이 생기면 바로 눠. 그럼 소화 기관 은 어떻게 생겼을까?

① 위가 여러 개야.
② 대장이 구불구불 길어.
③ 직장이 아주 짧아.

70 폭탄먼지벌레는 항문 주위에서 독가 스를 뿜어. 언제 뿜을까?

① 알을 낳을 때
② 위험을 느낄 때
③ 이성을 유혹할 때

71 스컹크는 위험할 때 지독한 액체를 적 의 얼굴에 뿜어. 어떤 자세로 뿜을까?

① 엉덩이를 들고
② 몸을 꼬아서
③ 앞다리를 들고

72 미꾸라지는 항문으로 방귀 같은 공기 방울을 뿜어. 왜 그럴까?

① 장으로 숨을 쉬려고
② 먹이를 유인하려고
③ 둥지를 만들려고

정답과 해설은 뒤쪽에 있어.

집중탐구 퀴즈 정답 & 해설

먹이와 똥

공룡의 똥

정답 61. ③ 62. ② 63. ③

달팽이의 똥색은 먹이에 따라 색이 달라요. 주황색 당근을 먹으면 주황색 똥을, 초록색 시금치를 먹으면 초록색 똥을 눠요. 배추흰나비 애벌레도 달팽이처럼 먹이에 따라 똥색이 달라요.

흡혈박쥐는 물기가 많은 동물의 피를 먹어요. 그래서 잼처럼 질질 흐르는 똥을 눠요.

판다는 주로 대나무 잎을 먹어요. 그래서 고구마처럼 생긴 똥에서 상쾌한 대나무 냄새가 나요.

정답 64. ③ 65. ② 66. ①

초식 공룡의 똥 화석에는 식물 줄기, 육식 공룡의 똥 화석에는 뼈 조각이 발견되었어요. 똥 화석으로 공룡이 뭘 먹었는지 알 수 있어요. 똥 화석에선 대부분 단단한 뼈 조각이 발견돼요. 이건 공룡을 잡아먹는 티라노사우루스 같은 육식 공룡의 똥 화석이에요.

초식 공룡의 똥 화석은 찾기 힘들어요. 똥 속에 들어 있는 나뭇잎과 줄기가 쉽게 썩어서 없어지기 때문이에요.

동물의 소화 기관

동물의 방귀

정답 67.① 68.② 69.③

말미잘은 먹이를 입으로 먹고 소화 기관인 '강장'에서 소화시킨 후 다시 입으로 뱉어요.

소는 위가 4개예요. 풀을 그대로 삼킨 뒤 첫째 위에 넣고 소화시킨 후 다시 게워 내 씹어 침을 섞고, 둘째 위로 보내요. 이렇게 반복해 셋째, 넷째 위로 보내서 소화를 해요.

새는 하늘을 날려면 몸이 가벼워야 하므로 똥이 생기면 바로 눠요. 그래서 똥이 오래 머무는 대장은 없고, 직장은 아주 짧아요.

정답 70.② 71.① 72.①

폭탄먼지벌레는 위험하면 항문 주위의 분비샘에서 독가스를 만들어 뿜고 도망가요. 이 독가스가 피부에 닿으면 살이 붓고 몹시 아파요.

스컹크는 위험할 때 엉덩이를 치켜들고, 항문 근처 샘에서 지독한 냄새가 나는 노란 액을 뿜어요. 이 액이 눈에 닿으면 잠시 앞이 보이지 않아요.

미꾸라지는 장으로도 숨을 쉴 수 있어요. 그래서 물속 공기를 들이마시고 필요 없는 공기는 항문으로 방귀 뀌듯 내보내요.

176-177쪽 정답이야.

집중탐구 퀴즈

문제를 잘 읽고 맞는 것을 골라봐. 쉽지 않을걸!

동물의 화장실

급하단 말야. 빨리 좀 눠.

여기가 라마 화장실?

동물의 똥 이용

그래? 발에 똥 눠야겠다.

오늘이 100년만에 최고 더운 날이래.

73 이 동물은 똥 누는 곳을 따로 두고 차례를 지켜 똥을 눠. 다음 중 누구일까?

① 라마　　② 치타
③ 원숭이

74 라마는 똥 누는 곳이 따로 있어. 왜 그럴까?

① 적에게 경고하려고
② 영역을 표시하려고
③ 똥과 풀이 섞이지 않게 하려고

75 벌거숭이두더지는 똥을 누고 그 더미에 뒹굴어. 왜 그럴까?

① 먹이를 유인하려고
② 자기 무리의 냄새를 묻히려고
③ 기생충을 떼어 내려고

76 독수리는 똥으로 몸을 시원하게 해. 어떻게 할까?

① 똥을 꿀꺽 삼켜.
② 발에 똥을 눠.
③ 똥을 온몸에 발라.

77 게거미는 새똥을 먹는 올빼미나방을 꾀려고 어떻게 할까?

① 등에 새똥 무늬를 만들어.
② 하얀 거미줄을 몸에 흩뿌려.
③ 새똥을 몸에 발라.

78 암컷 붉은발도룡뇽은 수컷이 눈 똥 냄새로 짝을 찾아. 왜 그럴까?

① 튼튼한지 알 수 있어서
② 잘 생겼는지 알 수 있어서
③ 총각인지 알 수 있어서

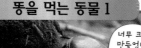

똥을 먹는 동물 1

너무 크게 만들었나? 굴려지지가 않네!?

그러게 먹는 거에 욕심은…

똥을 먹는 동물 2

음~ 맛있다. 역시 진딧물 단똥이 최고야.

대신 무당벌레오면 쫓아내 주세요.

79 쇠똥구리는 자기가 먹는 쇠똥을 굴리고 다녀서 붙은 이름이야. 그럼 쇠똥구리는 쇠똥만 먹을까?

① 그럼, 쇠똥만 먹어.
② 아니, 다른 똥도 먹어.

80 쇠똥구리가 좋아하는 똥은 어떤 똥일까?

① 벌레 알이 많이 섞인 똥
② 지푸라기가 많이 섞인 똥
③ 아무것도 섞이지 않은 똥

81 사막에 사는 쇠똥구리는 메마른 똥을 부드럽게 해서 먹어. 어떻게 부드럽게 할까?

① 오줌을 눠서
② 땅 속에 묻어서
③ 선인장 속에 넣어서

82 쪽! 개미는 이 동물의 단맛 나는 똥을 얻어 먹어. 이 동물은 누구일까?

① 흰개미
② 진딧물
③ 개똥벌레

83 단맛이 나는 똥을 누는 진딧물은 다음 중 무얼 먹을까?

① 나무진을 빨아 먹어.
② 벌꿀을 빨아 먹어.
③ 다른 곤충을 잡아먹어.

84 똥을 얻는 개미도 진딧물을 도와. 어떻게 도울까?

① 집을 만들어 줘.
② 알을 키워 줘.
③ 무당벌레와 싸워 줘.

정답과 해설은 뒤쪽에 있어.

집중탐구 퀴즈 정답 & 해설

동물의 화장실

동물의 똥 이용

정답 73.① 74.③ 75.②

라마나 누 떼는 똥을 누는 곳을 따로 두고 차례를 기다렸다가 눠요. 이렇게 하면 똥과 풀이 섞이지 않고 모인 똥이 거름이 돼서 먹이가 되는 풀들이 잘 자랄 수 있기 때문이에요.

아프리카에 사는 벌거숭이두더지는 땅굴에서 300여 마리가 모여 함께 살아요. 벌거숭이두더지는 모두 한곳에 똥을 눠요. 그리고 똥 더미에 뒹굴어서 자기 무리의 똥 냄새를 묻혀요.

정답 76.② 77.② 78.①

더운 날이면 독수리는 자기 발에 똥을 눠요. 물기가 많은 똥을 누면 물기가 증발하면서 몸의 열이 식어서 시원해지기 때문이에요.

뉴기니에 사는 게거미는 새똥처럼 보이기 위해 하얀 거미줄을 온몸에 뿌려요. 그래서 새똥의 소금기를 먹는 올빼미나방이 새똥인 줄 알고 다가오면 잡아먹어요.

붉은발도룡뇽은 수컷의 똥 냄새로 짝을 찾아요. 잘 먹어 튼튼한 수컷을 똥 냄새로 알 수 있기 때문이에요.

똥을 먹는 동물 1

쇠똥구리가 먹는 똥엔 지푸라기도 있고, 크기는 작은 사과만 해.

알이 있는 똥은 작은 서양 배만 해. 애벌레가 크려면 공기가 잘 통해야 하니깐 이런 모양이야!

똥을 먹는 동물 2

단똥 싸는 진딧물은 내가 지킨다!

내가 진딧물 좀 맛보겠다는데, 네가 무슨 상관이야!

개미 오빠, 무서워!

삼각관계냐?

정답 79. ② 80. ③ 81. ②

지구에는 7,000종이 넘는 쇠똥구리가 있는데, 이 중엔 소나 말의 똥처럼 푸짐한 똥을 좋아하는 쇠똥구리도 있고, 토끼의 똥처럼 작고 딱딱한 똥을 좋아하는 쇠똥구리도 있어요. 하지만 모두 똥에 지푸라기, 벌레 알 등이 섞이지 않은 축축한 똥을 좋아해요.

사막에 사는 쇠똥구리는 메마른 똥을 모래 속 깊이 묻어요. 그럼 똥이 땅 속 물기를 빨아들여 부드러워지기 때문이에요.

정답 82. ② 83. ① 84. ③

진딧물은 뾰족한 입을 나무에 찔러 나무진을 빨아 먹어요. 나무진은 물기가 많고 단맛이 나서 진딧물은 단맛이 나는 똥을 자주 눠요.

단맛을 좋아하는 개미는 진딧물의 똥을 받아 먹어요. 개미가 다리로 진딧물을 톡톡 건드리면 진딧물은 단맛이 나는 똥을 눠요.

개미만 일방적으로 진딧물의 똥을 받아먹는 건 아니에요. 개미는 진딧물을 잡아먹는 무당벌레와 싸워 진딧물을 보호해요.

180~181쪽 정답이야.

똥을 먹는 동물 3

나무늘보

85 토끼는 1번에 풀에 있는 영양을 흡수
하지 못해. 그럼 어떻게 할까?

① 되새김질을 해.
② 자기 똥을 먹어.
③ 풀에 있는 작은 곤충도 먹어.

86 쩝쩝! 새끼 코끼리는 엄마 코끼리의
똥을 먹어. 왜 그럴까?

① 소화를 돕는 세균을 얻으려고
② 똥 속의 나뭇잎을 얻으려고
③ 똥에 붙은 벌레를 먹으려고

87 사자는 코끼리 똥을 좋아해. 왜 그럴
까?

① 똥에 나뭇잎이 많아서
② 똥 냄새가 기분 좋게 해서
③ 똥이 따뜻해서

88 나무늘보는 나무에서 먹고, 자고, 새
끼도 낳아. 그럼 똥을 어떻게 눌까?

① 넓은 나뭇가지에 눠.
② 나무 아래로 내려와 눠.
③ 나무 아래로 떨어뜨려.

89 나무늘보는 먹는 것도 느리고 소화하
는 것도 느려. 그럼 똥은 얼마 만에 1
번씩 눌까?

① 하루에 1번   ② 1주일에 1번
③ 1달에 1번

90 나무에서 혼자 사는 나무늘보는 똥으
로 친구가 잘 지내는지 알아. 어떻게
알까?

① 친구의 똥을 먹고
② 친구의 똥 냄새를 맡고
③ 친구의 똥을 주물러 보고

하마

밤에 길을
잃지 않으려는
거야.

여기 저기 똥을 싸
놓으면 어떻게?

치타

치순이가 내 똥 위에
똥을 눠줘야 할텐데…

똥으로 프로
포즈 했구나.

91 하마는 똥을 눌 때 꼬리로 똥을 흩뿌려. 왜 그럴까?

① 몸에 뿌려 시원하게 하려고
② 먹이를 유혹하려고
③ 자기 땅임을 표시하려고

92 하마가 물속에 있으면 물고기들이 따라다녀. 왜 그럴까?

① 똥을 먹으려고
② 똥 있는 곳에 공기가 많아서
③ 똥이 있는 곳이 따뜻해서

93 밤에 풀을 먹는 하마는 길을 잃지 않기 위해 이렇게 해. 어떻게 할까?

① 빛이 나는 오줌을 눠 둬.
② 냄새 나는 똥을 눠 둬.
③ 지독한 방귀를 묻혀 둬.

94 치타는 이곳 저곳을 돌아다니며 똥오줌을 조금씩 눠. 왜 그럴까?

① 똥오줌이 생길 때마다 눠서
② 자기 영역을 표시하려고
③ 새끼들이 냄새로 찾아오라고

95 왜 수컷 치타가 영역 표시를 한 곳에 다른 수컷이 똥오줌을 눌까?

① 땅을 빼앗으려고
② 같이 살려고
③ 같이 사냥하려고

96 암컷 치타는 짝짓기를 할 때가 되면 이렇게 해. 어떻게 할까?

① 수컷의 똥을 먹어.
② 자신의 똥을 몸에 발라.
③ 수컷이 똥을 눈 곳에 똥을 눠.

정답과 해설은 뒤쪽에 있어.

집중탐구 퀴즈 정답 & 해설

똥을 먹는 동물 3

나무늘보

정답 85.② 86.① 87.②

토끼는 소나 사슴처럼 되새김질을 하지 못해요. 그래서 풀에 있는 영양소를 흡수하기 위해서 자기가 눈 똥을 1번 더 먹어 소화시켜요.

코끼리는 나뭇잎이나 풀을 먹으면 몸 속에 세균이 소화를 시켜요. 새끼 코끼리는 이 세균을 얻으려고 가끔 어미 똥을 먹어요.

사자는 코끼리 똥 냄새를 맡으면 기분이 좋아져요. 그래서 코끼리 똥 냄새를 맡고 서로 힘 자랑하며 싸우기도 하고 짝짓기를 하기도 해요.

정답 88.② 89.② 90.②

느림보 나무늘보도 똥을 눌 때는 나무에서 내려와요.

나무늘보는 먹는 것도 느리지만 소화하는 것도 느려서 똥도 1주일에 1번만 눠요. 보통 1번에 1킬로그램 정도의 똥을 누는데, 이것은 자기 몸무게의 4분의 1 정도나 돼요.

나무늘보는 나무 꼭대기에서 혼자 살기 때문에 다른 나무늘보를 만나지 못해요. 그래서 똥 무더기에서 나는 지독한 냄새를 맡아서 친구들이 잘 지내고 있는지 확인해요.

하마

치타

정답 91. ③ 92. ① 93. ②

하마는 똥을 꼬리로 흩뿌려서 자기 땅임을 표시해요. 또 하마 똥 냄새로 그 하마가 얼마나 큰지 건강한지 알 수 있어요.

하마는 강에 살면서 풀, 나무 등을 먹고 하루에 900그램 정도의 똥을 눠요. 똥에는 영양분이 많아서 물고기들의 좋은 먹이가 돼요.

밤이 되면 하마는 강에서 나와 풀을 먹어요. 이 때 미리 지독한 냄새나는 똥을 여기저기에 눠 둬서 어두워도 다시 강으로 돌아올 수 있어요.

정답 94. ② 95. ① 96. ③

치타처럼 고양잇과 동물들은 영역을 표시하기 위해 영역 가장자리의 정해진 곳에 항상 똥오줌을 눠요. '여기는 내 영역이다' 라는 의미로 아무도 들어오지 못하게 하려는 거예요. 만약 다른 수컷이 들어와 똥을 누면 '영역을 빼앗겠다' 는 의미로, 싸움을 신청하는 거예요.

짝짓기를 할 때가 되면 암컷은 수컷이 똥오줌을 누는 곳에 찾아와 똥오줌을 눠요. 그러면 수컷은 암컷의 똥오줌 냄새를 맡고 짝짓기를 해요.

184-185쪽 정답이야.

| 1 | 씨가 퍼지는 방법 | 5학년 |

포도   참외   봉숭아   콩

도깨비바늘   가막사리   수련   야자나무

1. 수련은 털이나 날개 같이 바람에 잘 날릴 수 있는 구조로 되어있다. (○ , ×)

2. 참외와 포도는 열매의 맛이 좋은 특징이 있어서 동물에게 먹힌 후 배설됨으로서 씨를 퍼지게 한다. (○ , ×)

3. 도깨비바늘과 가막사리는 다른 동물의 몸에 붙어서 씨가 퍼진다. (○ , ×)

4. 민들레 씨는 코투리에 싸여있다가 건조해지면 껍질이 비틀리면서 터져 씨가 튕겨 나간다. (○ , ×)

5. 야자나무는 열매 속에 공기 주머니가 있어 물 위에 떠서 씨를 멀리 퍼지게 한다. (○ , ×)

6. 봉숭아 씨는 바람에 날려 씨를 퍼트린다. (○ , ×)

🎮 190쪽 정답 **3** 1.○ 2.○ 3.× 4.× 5.○ 6.× 7.○ 8.○

기대하시라!

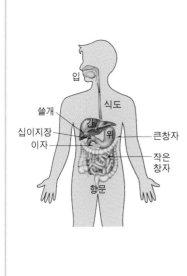

입
식도
쓸개
간
위
십이지장
이자
큰창자
작은창자
항문

소화 기관	관여 기관	하는 일
입	이	음식물을 잘게 부순다.
	침샘	녹말을 분해한다.
식도		연동 운동, 음식물을 위로 내려보낸다.
위		위액이 단백질을 분해한다.
십이지장	쓸개	지방 분해를 돕는다.
	간	쓸개즙을 만든다.
	이자	탄수화물, 단백질, 지방을 모두 분해한다.
작은창자		대부분의 소화 과정과 영양소 흡수가 일어난다.
큰창자		물을 흡수하고, 남은 찌꺼기를 배출한다.

1. 심장은 소화 기관이다. (○ , ×)
2. 식도는 연동 운동으로 음식물을 내려보낸다. (○ , ×)
3. 간, 쓸개, 이자, 침샘은 소화를 돕는다. (○ , ×)
4. 쓸개는 쓸개즙을 만들어낸다. (○ , ×)
5. 위에서 나오는 위액은 단백질을 분해한다. (○ , ×)
6. 소화 되는 과정에서 대부분 영양소를 흡수하는 곳은 큰창자이다. (○ , ×)
7. 음식은 입 → 식도 → 십이지장 → 위 → 작은창자 → 큰창자를 지나 항문으로 나온다. (○ , ×)

3 배설 기관의 특징
6학년

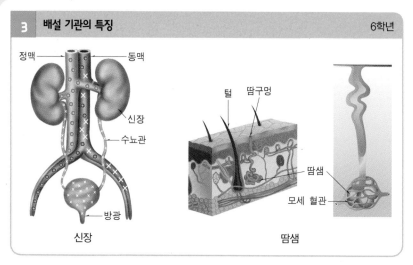

신장

땀샘

1. 땀샘과 신장은 배설 기관이다. (○ , ×)

2. 신장은 혈액 속의 노폐물을 걸러 내어 오줌을 만든다. (○ , ×)

3. 땀샘은 오줌을 만들어낸다. (○ , ×)

4. 땀샘은 피부에 있으며 털로 둘러싸여 있다. (○ , ×)

5. 땀은 식으면서 주위의 열을 빼앗아가 체온을 조절한다. (○ , ×)

6. 신장은 순환 기관이고, 땀샘을 배설 기관이다. (○ , ×)

7. 신장은 허리 뒤쪽에 두 개가 있다. (○ , ×)

8. 신장은 콩팥이라고도 한다. (○ , ×)

4 배설물의 배설 과정   6학년

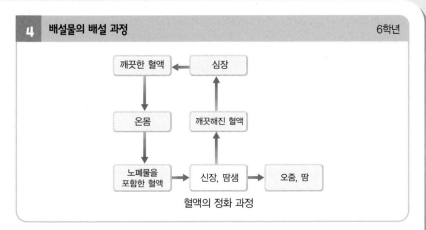

혈액의 정화 과정

1. 오줌은 신장(콩팥) → 수뇨관 → 요도 → 방광을 통해서 몸 밖으로 나온다.
  (○ , ×)

2. 땀은 땀샘 → 땀구멍을 통해 몸 밖으로 나온다. (○ , ×)

3. 배설은 몸 안의 노폐물이 몸 밖으로 나오는 과정이다. (○ , ×)

4. 배설 기관은 작은창자, 신장, 땀샘이다. (○ , ×)

5. 신장은 노폐물을 처리하기도 하고, 몸에 유용한 물질을 다시 혈액 속으로 되돌
  아 가게 한다. (○ , ×)

6. 오줌을 참으면 병이 생길 수 있다. (○ , ×)

마법천자문 과학 퀴즈북 4 - 우리 몸

글 아울북 초등교육연구소
삽화 서규석

1판 1쇄 인쇄 2009년 9월 10일
1판 1쇄 발행 2009년 9월 18일

펴낸이 김영곤
펴낸곳 (주)북이십일 아울북
개발실장 이유남
기획 개발 신정숙, 김수경, 조국향, 안지선, 이장건
마케팅 김보미, 이태화, 배은하, 오하나
영업 이희영, 김태균, 정원지, 김준영
디자인 표지_최은, 본문_이선주
편집 다우

주소 경기도 파주시 교하읍 문발리 파주출판문화정보산업단지 518-3(413-756)
연락처 031-955-2708(마케팅), 031-955-2116(영업), 031-955-2127(내용문의)
홈페이지 www.keystudy.co.kr
출판등록 제10-1965호 Copyright@2009 by 아울북. All Rights Reserved

값 8,500원
ISBN 978-89-509-1981-8
ISBN 978-89-509-1992-4(세트)